그 끝나지 않은 열정

다시, 길을 떠나다

그 끝나지 않은 열정

다시, 길을 떠나다

장병욱 지음

小花

그 끝나지 않은 열정

다시, 길을 떠나다

초판 1쇄 발행 ｜ 2010년 1월 20일

지은이 ｜ 장병욱
발행인 ｜ 고화숙
발행처 ｜ 도서출판 소화
등 록 ｜ 제13-412호
주 소 ｜ 서울시 영등포구 영등포동 94-97
전 화 ｜ 2677-5890(代)
팩 스 ｜ 2636-6393
홈페이지 ｜ www.sowha.com

ISBN 978-89-8410-369-6   03040

값 12,000원

책을 펴내며

2008년 11월부터 2009년 7월까지 한국일보가 30주간 연재했던 「다시, 길을 떠나다」를 엮는다. 사실 이 말에는 약간의 어폐가 있다. 신문에 실렸던 글을 기본으로 하되 더러는 첨삭한 것이라, 편編했다고 해야 더 근접한 표현이 되리라 믿는 까닭이다.

물론 서울이 중심이었지만 경우에 따라서는 강원도 산골에서 부산까지, 되도록 시의성을 좇아 경향 각처의 현역 원로들을 모시려 애썼다. 건강상의 이유로 장시간의 대담에 난색을 표한 몇몇 분들의 경우는 기약 없이 뜻을 접어야 했지만.

문제 중심적 접근이 못 된다는 지적 혹은 불만은 충분한 개연성을 갖는다. 그러나 이어질 글은 적어도 6순의 세월 동안 한 길을 걸어오고 있는 문화 · 예술인들의 진실과 아우라를 상당량 포착하고 있다고 믿는다.

온-오프 라인이라는 매체적 특수성을 탈각하고 종이 책이라는 견고한 텍스트의 세계로 진입하려는 지금, 기꺼이 취재에 응해 주신 인터뷰어 제위들에게 누가 되지 않기를 바랄 따름이다.

차례

"연극은 언젠가는 꽃피는,
깨달음의 종교"

연극연출가_ 강영걸

베이징올림픽 폐막식을 기억하는가. 마지막에 전설의 록 기타리스트 지미 페이지('레드 제플린'의 리더)가 나타났을 때, 그 이전 3시간 동안의 화려한 불꽃과 집단기예는 예고편에 불과한 것이었다.

지미 페이지가 박제된 전설이 되기를 거부하고 시대와 통하기를 원했듯, 예술의 진정한 거장은 당대와 조응한다. 갑년을 훌쩍 넘긴 나이지만 여전히 현역으로 있으면서, 후배 예술가들과 젊은 기획자들의 상상력을 촉발시키는 한국의 예인들 역시 그렇다. 인터뷰 '다시, 길을 떠나다'는 그들의 끝나지 않은 꿈을 응시하고자 한다.

―자신의 연극 인생을 한 줄로 압축하자면.

연극이란 사는 것이다.

―가장 의미 깊었던 만남은.

강준혁이다. 40대에 만난 그와의 인연으로 나는 나를 정리할 계기를 마련했다. 유아독존식으로 살고 있던 내가 삶을 배우게 된 것은 그를 만나고 나서부터였다.

―지금 당신에게 연극이란.

종교다. 아니, 종교보다 더 귀하다. 삶 그 자체다. 다시 태어나도 연극을 하겠다.

―아픈 몸으로 작업한다는 것은.

몸이 아프다는 건 일장일단이 있다. 옛날에는 타인의 생각은 안중에도 없이 일단 찌르고 봤다면, 이제는 한 번 생각하게 됐다.

―옛날 이빨 뽑던 버릇의 귀결인가, 왜 그리 자학적이었나.

집중을 위해서였다. 풀리지 않는 문제에 직면했을 때, 육체가 불편하지 않으면 집중이 안 되는 버릇 때문이다.

연극연출가 강영걸   11

「그것은 목탁 구멍 속의 작은 어둠이었습니다」

－가장 화려했던 순간은 진한 성취의 시기와 일치하는가.

화려한 기억이란 없다. 그러나 좋은 작가, 배우와 만나 작품 잘됐을 때 성취의 기쁨을 느낀다. 이만희, 엄인희 작가와 만나 만들었던 「그것은 목탁 구멍 속의 작은 어둠이었습니다」, 「피고지고」 등을 꼽고 싶다.

－가장 후회스러운 점이라면.

가정에 충실하지 못해 많이 후회스럽다.

－세계가 진보하느냐는 논외로 치자. 우리 공연 예술은 과연 발전했다고 볼 수 있나. 연극의 전성기는 언제였다고 볼 수 있나.

연극의 전성기는 없었다. 최대의 관건은 연극의 뿌리가 단단해지는 것이다. 그 가능성이 보인 때는 있었다. 1970년대 후반 들어 우리 것 찾기에 모두들 집중했던 때다. 우리 것에 대한 관심은 1990년대 이후 보편화된 것처럼 보이지만, 일상화된 차원에서는 멀었다. 신극사 100년 중 우리 것에 대한 관심은 20~30년 정도다. 1세기는 지나가 봐야 안다.

―진정한 예술은 왜 대중성·상업성과 무관한가. 둘은 영원한 갈등의 관계인가. 사물놀이의 창조 현장에 관계한 사람으로서 한국적 문화 상품의 미래를 말한다면.

무작정 새로운 것에 매달리기보다 과거 했던 것을 더 파고들어 새로운 발견을 하는, 온고지신의 자세가 요체다. 「난타」를 예로 들어보자. 농악에서 타악만 건져낸 게 사물놀이고, 거기서 새로이 생성된 게 「난타」지 않느냐.

기본에 대한 생각이 없다. 넌버벌이니, 크로스오버니 유행 좇기만 바쁘다. 데생도 안 되는데 비구상 하겠다고 달려드는 형국이다.

―자신의 (공연) 예술관이 낡았다고 느낄 때는. 그래서 (내 연극관을) 업그레이드 해야겠다고 느낄 때는.

그런 느낌 가진 적은 없다. 나는 연극으로 최고의 장인匠人, 최고의 테크니션이 되고 싶을 뿐이다.

—딸은 연극 일을 잇고 있다. 부인은 연극에 미친 남편의 곁을 떠났다. 삶이란 뭐라 보나.

그렇게 된 게 삶의 아이러니는 아니다. 내가 어떤 것을 하고 그에 대해 책임질 것인가를 정한 이상, (이후의 결과에 대해) 나는 조금도 부끄럽지 않다. 모든 걸 충족시키고 살 수는 없다.

—많이 민주화됐다. 진정한 예술과 민주화의 관계는. 우리 전통을 올곧게 계승하는 길은.

군사 정권 시절, 「서울 구경」이나 「하느님 비상이에요」 같은 사회 비판적 작업에 열을 올렸다. 그러나 거기에는 시위 이상의 의미란 없었다. 그런데 그 작품들을 하고 나니 민예총에서 함께 작업하자며 연락이 오더라. 그래서 마당극도 함께 해봤지만, 원래 정치색이 없었던 나로서는 이를테면 양심의 차원이었을 뿐이다.

젊은 사람들에게 굿, 판소리 등의 현장에 많이 가보라는 말을 꼭 하고 싶다. 또 현장을 정리한 서적도 많이 봐야 한다. 그러나 가장 중요한 것은 자신의 시각이다. 귀명창 같은 존재가 되길 바란다. 이후 자신의 작업에서 실패의 경험을 돌아보면 최소 공배수가 나온다. 세기말 이후 한국에 불어닥친 포스트모더니즘이란 혼돈에 이르는 짓거리일 뿐이다.

"작업방식 엄격해 마음 단단히 먹고 모셨죠"

"공간사랑 시절부터 선생님의 스타일을 좋아했어요. 10년 전 「누가 버지니아 울프를 두려워하랴?」의 연기 지도를 해 주신 인연을 믿고 8월에 전화 드렸죠."

「아름다운 인연」에서 입심 좋은 삼신할매로 등장하는 현금숙 씨는 강씨를 끌어들인 주역이다. "8년 쉬다(살림만 하다) 덤비는 무대예요." 강씨의 엄격한 작업방식을 익히 아는 터라, 그는 마음 단단히 먹고 덤볐고 판에 모셨다. 맏언니로서 극단 배우세상 운영도 맡고 있는 현씨는 "화술에 소홀하기 일쑤인 젊은 단원들 교육까지 부탁했다"고 한다. "정신 교육은 어른에게 맡겨야 제격이거든요."

"지금 대학로는 편법이 판치는 도떼기시장이에요. 연극정신은 철 지난 바닷가 신세예요." 이 대목서는 비감하기까지 하다. "진짜 연극을 하고 싶어 하는 사람들에게 이렇게 말하죠. 넋 빠진 아이들 없는 곳으로 오려면 이곳으로 오라고."

극단 대표 김갑수 씨의 부인이기도 한 그는 "내년 상반기는 모두 강 선생님께 맡길 것"이라며 강한 기대를 나타냈다. "이만희의 「돌아서서 떠나라」로 그 본격 출발을 알릴 거예요." 「아름다운 거리距離」, 「피고지고」 등 강영걸·이만희 버디로부터 탄생한 무대가 레퍼토리 시스템으로 재탄생할 날을 기다리고 있다.

1943년생. 연출가로 제19차 예총 예술문화상 예술부문 대상(2005), 백상예술대상 연극상(1989)을 수상하였으며 현재 프리랜서로 활동하고 있다.

"50년째 하루 12시간 작업,
난 남과 달라지기 위해 그림을 그린다"

서양화가_ 박서보

고희를 넘겼다는 것이 때로는 새로운 정점으로의 도전이 될 수 있다. 싱가포르 현대미술전에 다녀온 화가 박서보(홍익대 미대 명예교수) 씨는 이웃집에 바람 한 번 쐬고 온 사람 같았다.

그의 표현을 빌리면 아직 자신의 그림을 모르는 사람들에게 "이래도 못 알아들어?" 하며 한 대 쥐어박고" 온 것이다. 귀국해서 하루 푹 자고는, 다시 똑같은 작업의 반복이다. 50년째 하루 12시간 작업을 고수하는 이 한국 서양화단의 거목의 일상은 마모되지 않았다.

다시, 길을 떠나다

– '초월 : 현대성'이란 부제를 단 싱가포르전은 어땠나.

영화, 음식, 국악에 이어 이제 우리 현대미술까지 갔으니 거기는 완전 한국 붐이다. 내 작품은 대작(200호, 400호) 5점으로 한국 작가 중 메인홀에 가장 많이 전시됐다. 함께 공부한 이우환의 작품(150호)과 나란히 전시돼 감회가 새로웠다. 인도판 『뉴스위크』, 『인터내셔널 헤럴드 트리뷴』 등 주요 매체와 인터뷰도 했다.

–당신의 작품에 대해 서양에서는 "선불교적 명상을 주조로 한 '숭고미' 혹은 '경이로운 계시' 등으로 상찬한다. 해외가 주목하는 이유는 뭐라고 보나.

21세기는 스트레스 때문에 지구가 정신병동으로 되어가는 시대다. 묻지마 살인을 보라. 정보 전환의 속도를 인간이 따라 잡지 못하기 때문이다. 가속화되는 시대 변천에 밀려 30대 과장이 머잖아 회사를 떠나는 슬픔을 직시해야 하는, 디지털 시대다. 막연하고 불안한 미래와 직면해야 하는 시대에서 예술의 기능을 반성해야 할 때다.

예술이란 작게는 개인 경험의 전달이지만 크게는 시대의 산물이다. 아날로그 시대의 예술은 이제 무의미하다. 21세기의 예술은 스트레스라는 새로운 문제점을 흡인해야 한다. 싱가포르에서 기자들에게 '미술은 스트레스에 찌든 대중을 치유해야 한다'며 21세기의 예술은 '일방적 폭력'을 행사하던 과거의 예술과는 작별해야 한다고 했던 것은 그래서다.

「묘법 – 믹소그라피아」

　－최근 들어 눈부신 파스텔 색조를 적극 구사하고 있다. 색채에 관심을 갖게
된 것도 같은 맥락인가.

　전에는 이념적으로 색을 통제했다. 오죽하면 단풍 구경도 마다했겠느
냐. 그러나 일본 전시회를 앞둔 2000년, 주최 측에 이번 것은 꼭 가을에
열라고 했다. 단풍 구경이 무척 가고 싶었다. 그 전에는 자동차 운전하며
눈에 들어오는 가로수 색깔에서 겨우 계절을 느꼈다.

　그러나 자연과의 교감이 너무 부족하다는 생각에 항상 부채의식이 있
었다. 그러다 후쿠시마현 우라반다이에 아내와 가서, 불타는 계곡에 충격
받았다. 단풍은 말 그대로 환상이었다. 내가 너무 건방졌음을 절감하고는
자연의 색을 화면 속으로 끌어들여야겠다고 결심하게 된 계기였다. 인간
을 치유하는 예술이 새 화두로 떠오른 것이다.

—시대를 읽은 것인가.

나는 70여 년을 아날로그에서 살았다. 그러나 이제는 불행스럽게도, 디지털 시대를 산다는, 전(前) 세대의 고민을 안고 산다. 그 변환은 충격이다. 21세기는 1회용 천재의 시대다. 모든 비엔날레가 어딜 가도 그놈이 그놈이다. 서로 추천하고 작품을 교환한다. 진정한 예술의 시대는 끝났다.

아날로그 시대의 미술은 작가가 표현하고자 하는 강렬한 메시지를 캔버스에 쏟아내는 것이다. 감상자들은 표현으로부터의 폭력을 기꺼이 감수했다. 그러나 이제 디지털 시대다.

아날로그 시대에는 평생 직장이란 개념이 있었지만 디지털 시대는 30대가 정년이다. 정보 변환 속도가 무지 빨라진다. 자판기 커피컵이 1회 쓰이고는 뭉개지듯, 모든 사람이 1회 쓰이고 짓밟힌다. 서구도 그 같은 시대 인식을 공유하고 있다.

—최근 당신의 작품에 대한 해외의 평가는.

2007년 12월의 전시회가 인연이 돼 2008년 5월 꼬박 뉴욕의 아라리오 갤러리에서 가졌던 전시회의 경험이 일례가 될 것 같다. 당시 영국의 한 라디오 방송과 인터뷰를 가졌는데, BBC에서도 이를 받아 방송하는 바람에 300만여 명이 청취한 것으로 나왔다.

내 작품세계와 광우병 사태로 당시 극렬했던 한국 내 반미 감정이 주제였다. 때가 때이니만큼, 한국에서 미국 사람들이 사는 것 어떻게 생각하느냐는 질문이 왔다.

나는 '미국에서 한국 사람 사는 게 조금도 이상하지 않듯, 하등 이상하지 않은 현상이다. 한국은 다민족 국가로 전환 중이기 때문'이라는 답을 들려주었다. 방송 후 곧 반응이 왔다. 내 그림 등 이미지가 곁들여진 사이트가 타 방송사에서도 만들어진 것이다. '수십 년 기다려 온 예술'이라며.

－그들이 주목하는 이유는.

(내 작품을) 보고 있으면 안정감과 행복감을 찾게 된다고 한다. '20세기 최고의 조각가 브랑쿠시, 미국의 일본계 2세 조각가 노부치 이사모 이후의 존재가 출현했다'며 '전혀 모르고 있던 작가가 발견됐다'고도 하더라.

내가 새로 화집을 내는 것은 그 여파다. 인쇄 중 그림을 20컷 교체하는 바람에 발행이 미뤄졌는데, 미국의 예술서적 전문출판사 Assoulin에서 나온 『박서보, 마음을 비우다 Empty the Mind : The Art of Park Seo-bo』가 그것이다.

－전후 피폐한 한국에서 정신의 존재에 주목한 당신의 회화는 이제 서양에 정신의 위안을 주고 있다. 어떻게 형성돼 왔나.

동양은 근대주의를 받아들이면서 전통적 가치관을 파괴했다. 가치관의 공백과 상실에 따라 정치 등 모든 부문에 걸쳐 중심이 상실됐다. 그 정신의 복원을 위해 나는 단색주의를 주창했다.

그것은 무엇보다 모든 것이 박탈된 현실에서 내가 수신修身하는 도구로서의 회화 작업이었다. 수신 행위의 찌꺼기가 그림인 것이다. 나는 남하고 다르다는 것을 드러내기 위해 그림을 그린다. 만일 내 그림과 같은 게 있다면 그냥 가져가라며 공언했던 것도 그래서였다.

– 한지를 주재료로 쓰게 된 것은.

1982년부터 탐색해 오다 5년 뒤 공개했다. 르네상스 시대에 이르러서야 원근법이 생긴 것처럼 모든 문화는 인간과 자연의 관계항에 대한 해석이다. 한국은 인간과 자연의 분리가 불가능하다.

내게 있어 한지는 단순한 표현 재료가 아니다. 내 작업은 한지가 스스로 자기 신체를 드러내도록 하는 일련의 과정이다. 한지는 결국 물감과 합일을 이루게 된다. 선과 선 사이, 즉 고랑은 가장 중요한 매개점이다.

– 최근 국내 미술계가 홍역을 치르고 있다. 이를 지켜보는 심정은.

미술품에 대한 소득세 납부는 말도 안 된다. 문화를 경제 논리로 밀어붙이려는 어불성설이다. 최근 중국 작품이 뜬 것도 실은 중국의 부호와 화상이 다 사 가다시피 하므로 서양 콜렉터들의 경쟁 대상이 되다 보니 빚어진 일이라는 사실을 직시할 필요가 있다. 문화력 약한 싱가포르가 문화의 가능성에 눈뜬 사례를 보라.

단, 실제 유통되는 작품이 왜 국외 작가의 것들에만 치중하는가는 분명 문제로 지적돼야 한다. 한국의 부자 중 10분의 1만이라도 한국 미술품에 투자해 달라는 것이다. 그러나 그것을 위해서는 현행 조세 제도가 가장 걸림돌이다. 미술시장이 동결된 것도 그래서다. 기본적으로 세계 경기 회복을 기다려야 할 문제지만, 정부는 미술품에 대한 양도소득세 부과 방침 포기를 검토할 시점이다.

─본인의 대응은.

내가 예를 들어 4억~5억짜리 작품을 팔면 1억은 세금이다. 타국에 비해 과중한 세율이다. 사실 물가가 올라도 그림가격은 안 오르지 않는가. 나는 2년 전부터 완전히 죽은 국내 미술시장에는 결코 안 판다. 버티는 데까지 버티겠다. 시장의 부침에 따라 놀지 않겠다는 것이다.

─후학들에게 하고픈 말은.

요즘 젊은이들은 코스모폴리탄 같다. 그러나 아이덴티티 분명한 사람이 세계적 작가가 된다. 나는 두 가지를 제자들에게 강조한다. 첫째, 네 스승을 닮지 말 것. 둘째, 너희들끼리 닮지 말 것. 나는 평생 '위기'라는 심정으로 살아간다.

박서보는 …

"그림 그리기는 무념 · 수신의 도구이자 슬로Slow의 미학"

그는 "나는 남과 달라지기 위해 그림을 그린다. 그림은 나의 수신修身"이라고 한다. 그 과정은 재료와의 긴밀한 교신이다.

그것을 위해 그는 절대 화학풀은 쓰지 않는 청평의 단골 한지 공방에서 나온 한지만 고집한다. "중국이나 일본의 한지가 한 번에 완성되는 데 비해 우리의 한지는 3겹으로 만들어지므로 사이에 공기가 들어가 있어 표현력이 우수하죠."

1980년대 중반 이후 추구해 온 '묘법描法 · ecriture' 시리즈에 대한 그의 설명을 따라가 보자. 먼저 한지 전지(92×66cm)를 잘라 넉 장(30×40cm)으로 만든다. 한지 특유의 섬유질을 살리기 위해 가위나 칼을 안 쓰고 물을 칠해 찢는다. 이후 작업대에 캔버스를 깐다. 하루 12시간 일할 수 있는 분량인 한지 전지 4등분한 것을 물속에 보름에서 2개월 동안 푹 담근다. 거기에 연필로 온종일 금을 긋는다(그는 "민다"고 표현한다). 한 작품을 완성하는 데 3년이 걸리기도 한다.

"참선할 때의 몰아와 꼭 같아요. 온갖 잡념과 형상들로부터 마음을 비우는 거죠." 반복해서 무심히 선만 긋다 보면 밀려서 또 다른 선이 생긴다. 이를테면 물결무늬 같은 밭고랑 무늬. 그의 그림 그리기는 그래서 무념과 수신의 도구이자 슬로slow의 미학이다.

구겐하임미술관 큐레이터 바바라 블레밍크는 "시각적 체험을 초월하는 것을 창조하려는 그의 미술은 서양의 미니멀리즘과는 현저히 다른 차원의 것"이라며 "단순하고 겸손하되 섬세하고 우아하다"고 평했다. 동양 쪽 평단은 "고졸古拙하다"는 수식을 달아 준다. 서양 평론가들은 "복제와 모방이 극에 달한 오늘날의 문명 현상을 한 걸음 뒤에서 보고 반성할 수 있게 해 준다"고 풀이한다.

1931년생. 서양화가로 서울특별시문화상(1996), 옥관문화훈장(1994)을 수상하였으며, 현재 서보미술문화재단 이사장으로 재직 중이다.

"민속악은 산 예술, 시대에 맞는 감동 줄 수 있어야"

국악인_ 이생강

이생강 씨의 전용 서류봉투는 너름새 큰 주인을 닮았다. '중요무형문화재 제45호 대금 산조 보유자'라는 공식 칭호와 함께 '한국전통민속악연구원 원장'이란 직함이 보인다. '죽향竹鄕'이라는 호 아래로 이어지는 연락처 난에는 휴대폰 번호도 엄청 크게 찍혀 있다. 바싹 들이대고 봐야 분간이 가는, 항간의 명함 글자 양식을 대놓고 비웃는 듯.

그의 정체성은 강하다. 그가 "오늘은 할 말 해야겠다"며 팔을 걷어붙였다. "전에는 후배들 위해 말을 아꼈지만, 60년 몸 담아 온 민속악의 참상을 더는 그냥 두고 볼 수 없다"고 했다. 그는 "인간문화재로서 국악에 대한 일반의 이해를 돕는 게 내 소명"이라고 곱씹듯 말했다.

－국악이 대중에게 노출되는 빈도가 훨씬 늘지 않았나. 아직도 할 일이 그리 많은가.

사실 '국악'이란 말부터가 혼돈스럽다. 그 말에는 내 관할인 민초들의 음악이 도외시돼 있다. 지방별 · 유파별 구분은 물론 기악 · 판소리 · 농악 · 경기민요 · 남도 육자배기 등 그 풍성한 자산과 엄청난 갈래를 도매금으로 매도한다는 뜻이다. 우리의 상대적 박탈감이 크다.

－민속악 연주자들은 얼마나 되나.

전국의 민속악 관현악단에 소속돼 있는 사람들 1,000명 남짓을 민속악의 제도권으로 칠 수 있다. 그 밖에 '한 판' 펼칠 기량을 갖춘 창악자(소리꾼), 국악관현악단 단원 등 독주 능력이 되는 악기 연주자들, 농악 · 무용 분야 등이 각각 1,000여 명 되는 것으로 본다. 제도권 밖에서 직업적으로 국악을 하는 사람들이 전국에서 3,000여 명으로 추산된다는 계산이다.

－대학 쪽으로도 많이 흡수돼 있지 않나.

추계예술대, 이화여대, 서울대, 중앙대, 동국대, 한양대 등 학교별로 160여 명씩 해서 1,500여 명이 더 있긴 하다. 그 밖에 나처럼 인지도 있는 무소속이 20명 남짓이다.

─그렇다면 그 좌장 격인 인간문화재의 실제적 생활은 어떤가.

문화재청에서 한 달에 100만 원을 지급한다. 보유자의 생활비가 아니라 계승·연구비 명목이다. 나머지는 각자 알아서 해야 한다. 우리 것이 좋은 것이라고 정책 입안자들은 노래를 부르지만, 그나마 정악 쪽일 뿐 민속악 쪽은 완전히 찬밥 신세다. 나라 밖에서 받던 갈채는, 나라 안으로 들어오면 무색해진다.

─현 정부가 국악을 홀대한다는 말이 종종 제기되는데.

이전 정부와의 비교에서 더욱 선명해진다. DJ는 국악 교육에 관심을 기울였으나 IMF 때문에 여의치 못했고, 노무현 대통령에게는 내가 대금을 직접 선물로 주는 등 좋은 관계를 유지했다. 그러나 MB는 달랐다. 그의 대선 캠프에서 문화인들의 의견을 청취했을 때, 나는 '우리의 음악은 우리의 언어'라며 '국악인이 국악을 할 수 있게 해 달라'는 소리를 했다. 요새 초등학교 교과 과정에서 국악을 빼자는 말이 나오는 걸 보면, 이 정부는 비문화적 접근에서 벗어나지 못한 것 같다.

–이생강 대금에서는 흥겨운 「대니 보이」도, 구성진 「칠갑산」도 나왔다. 고유 문화를 변형하는 것은 본인의 장기인가.

그렇다. 크로스오버란 말도, 가요나 재즈와의 만남도 실은 내가 최초로 했다. 퓨전의 선각자라고 자부하는 이유다. 1950년대 미군부대 위문공연 때, 출연자들이 옷을 갈아입는 시간에 즉흥으로 했던 독주가 시초였다. 또 정규 국악 무대에서는 내게 독주 기회가 마련되지 않아 무용이나 민요 무대에서 특별 요청이 들어오면 들려줬다.

그러나 재미나 인기를 위한 것은 결코 아니다. 사실, 내가 독주자의 길을 걷게 된 것도 그런 무대가 계기였다. 공무원들 앞에서 대금으로 산조, 민요, 가요, 팝 등을 한 번 연주해 주면 다들 뒤집어진다. 우리 음악이 이렇게 좋은 줄 몰랐다는 것이다. 그것을 위해 나는 '최후의 테크닉'을 연습해 왔다.

-당신의 음악은 언제나 타 장르의 고수들과 당당히 겨루는 현장의 예술이었다. 어떻게 그런 기량을 익혔나.

나는 당대 최고의 스승들을 모셨다. 단소, 소금, 대금, 태평소 등 7가지 관악기를 8도에서 최고로 연주하던 스승 23명을 6·25 피난지 부산에서 만났다. 장기 투숙 중이던 남포동 등지의 여관방을 전전하며, 국악의 전부를 담은 23유파의 정수를 익힌 셈이다. 특히 무용음악을 전문으로 했던 나는 최승희 시대 음악의 정수를 고스란히 익혔다.

-그런데 왜 '외도' 했나.

전통은 세월 따라 변한다. 음악 역시 시대에 맞춰야 한다. 그렇지 않으면 골동품으로 남는다. 단, 원형을 놓쳐서는 절대 안 된다. 연습을 엄청나게 해, 비국악적 음악으로 대중에게 접근하는 것이다. 국악, 특히 민속악은 교육이 아니라 산 예술이기 때문이다. 시대에 맞는 감동을 줄 수 있어야 한다. 애초 비판은 각오했다.

-일종의 위기위식인가.

그렇다. 6·25를 계기로 세계 문화가 물밀 듯 오다 보니, 우리에게는 고유의 문화를 회복할 기회가 전혀 없었던 것이다. 그러나 1960년 7월 13일 (그는 정확히 날짜를 기억했다) 파리 공연에서 갑자기 맹장 수술을 받은 단원의 대타로 나선 이래, 1968년부터 세계 순회의 기회를 얻었다. 트인 눈을 갖게 된 것이다.

─그렇다면 국악을 어떻게 가르쳐야 하는가.

초등학교 교과 과정에서 국악을 빼자는 말이 나오는 것은 구렁이 담 넘듯, 서양 음악이 독식하려 드니 생긴 일이다. 배웠다는 몰지각한 인간들이 나서서 그런 말을 하는 세상이 됐다. 나를 보라. 60년 음악을 해도 끝이 없다. 민초의 음악이 없어진다는 것은 우리의 기초 언어가 사라진다는 뜻이다. 유아적부터 우리 것을 즐기고 자꾸 듣도록 해야 한다. 단소랜드 (www.dansoland.com)의 '이생강 단소 교실'을 비롯해 여타 매체의 다큐나 국악 특집방송 등에서 강의나 연주 기회가 주어지면 나는 다 해낸다. 물론 대중의 관심이 대전제다.

─방대한 사업이다. 인간문화재라는 타이틀만으로 가능한가.

내 연주를 특히 좋아하던 모 기업 회장이 민속악예술대학과 관광객 유치를 겸한 전수관을 지어주겠다고 1 대 1로 약속했으나 급서하는 바람에 무산됐다. 그러나 대학 건립의 꿈은 내가 숨을 거두기 전까지는 꼭 끝을 보고 싶은 심정이다.

－중국에서 온 불량 단소가 우리의 귀를 망쳐놓고 있다는 말도 들린다.

음정 조율이 안 된 중국 단소들이 문제다. 수입품 중 과반수는 소리가 맞지 않다고 봐야 한다. 사실 국악 최대의 과제는 시대 조류에 발맞춘 작곡과 창작인데, 중국 제품은 그 길을 원천적으로 봉쇄하고 있는 셈이다.

"한국무용 반주 음악 1,000여 곡 CD 50장에
'이생강 단소' 1만 개 후학 양성 위해 보급"

이생강 씨는 1980년대 풍을 두 차례 맞았다. 목숨의 위협보다도, 자신의 예술이 어느 날 갑자기 사라져버릴 수도 있다는 위기감이 엄습했다. 정신없이 다니던 연주활동을 줄이고, 기록과 교육에 심혈을 기울이게 된 것은 그래서다.

"전성기의 음악을 기록해둬야 한다"며 만든 것이 그의 '한국 무용 음악' 전집(신나라 발행)이다. 홀대를 받고 있는 민속음악의 매력을 떨쳐 보이겠다는 일념으로 만든 50장짜리 CD다. "아쟁의 고 윤윤석, 장고의 내 동생 성진 등 민속악 연주의 고수들과 8년 걸쳐 작업한 결과"라고 그는 말했다.

2007년 6월에야 끝난 녹음은 그러나 과부하였다. "집을 저당잡히고 세입자들의 전세비를 올리는 것으로도 모자라 사채까지 끌어 쓰다 보니 아예 녹초가 됐다." 그것이 재정 보조를 받을 수 있는 사업이라는 사실을 알았더라면 마음고생은 덜 뻔했다.

산조춤, 민요춤, 무당춤, 승무, 창작무 등 50여 종의 무용을 받쳐 줄 반주음악 1,000여 곡은 그 자체로도 방대한 분량이지만, 쓰임새에 맞게 편집한다면 거의 무궁무진하다는 설명이다.

50장에 70만 원의 가격이 매겨진 이 음반들은 우선 고전 무용 음악의 1차 자료로 긴요하게 쓰일 전망이다. 그러나 이로 인해 생긴 부채 14억 원으로 칠순의 거장은 마음이 편치 못하다.

또 하나. 그가 '단소랜드'의 이름으로 만든 단소다. "PVC 5,000개, 대나무 5,000개로 단소를 만들어 '인간문화재 이생강'이라는 도장을 찍어 나간다. 1만 개나 되는 단소를 내가 직접 1주일 농안 꼬빅 체크했다." 이름값이 그래서 무섭다. 후학 양성의 터전으로 만든 '이생강 단소 교실'을 위한 구체적 작업인 셈이다.

....

1937년생. 중요인간문화재 제45호 대금산조보유자로 현재 한국예술실연자단체연합회 회장, 죽향 대금산조 원형 보존회 사장으로 재직 중이다.

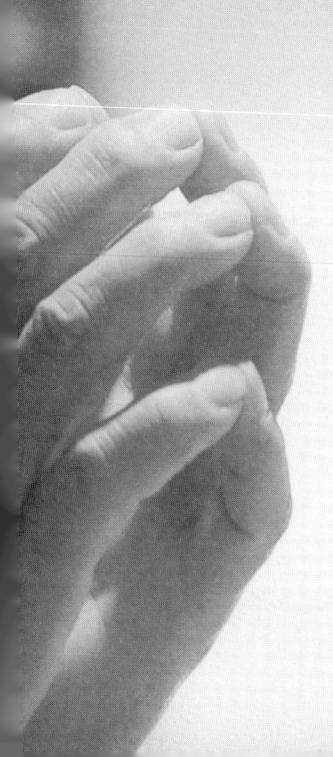

"비즈니스로 접근하는 예술은
자라나지 못하고 고사될 뿐"

문화기획자_ 강준혁

구슬이 서 말이라도 꿰어야 보배다. 부뚜막의 소금도 집어넣어야 짜다. 그를 만나 문화
라는 추상적인 실체는, 현실이 된다. 문화가 만질 수 있고 안아볼 수도 있는 어떤 것으
로 다가왔다. 바로 그 일을 한국에서 처음으로 해 낸 그를 두고 '문화 기획의 효시'라 해
도 전혀 민폐가 아니다.

완결된 극장 공연물로서의 판소리와 사물놀이, 공옥진의 병신춤, 현대 무용, 재즈 무
대 등이 그의 머리와 손에서 나왔다. 강준혁(성공회대 문화대학원장 · 메타기획 컨설팅 고
문) 씨를 대학로의 메타기획 사무실에서 만났다.

다시, 길을 떠나다

—언제나 바쁘다. 근황은 어떤가.

2006년 문화예술위원회 1기 위원으로 위촉돼 지난 8월까지 3년 근무가 막 끝났다. 일부 '꼴통 언론' 들이 좌익이 판친다며 난리를 쳤던 시기와 겹쳤다. 재임 기간 중 문예진흥원 시절의 방식을 탈피하는 데 최대의 역점을 뒀다. 공모―심사―지원이라는 기계적 시스템을 탈피하려고 애썼다는 말이다.

문화계에 실질적 도움을 줘야 한다는 믿음 때문이다. 재정 문제는 물론 연습장 문제 등에 대해 수시로 관계자들과 만나 인터뷰했다. 해외 공연시 투어 매니지 문제까지 관여하고 상담 전문가 풀을 만들어 지원 희망자와 연결시켰다.

—임기 종료를 앞두고는 딴 일까지 했다.

2008년 7월 몽골 나담 축제가 그것이다. 서구에 유일하게 알려진 몽골의 이벤트인데 몽골국립예술위원회 · 몽골국립예술대가 몽골 정부와 함께 치르는 행사다. 이전에는 경기만 했으나, 내가 코디네이터로 관여하면서 각종 공연도 보여 준다.

한국 정부와는 무관한 것으로, 내가 바로 메타기획에서 했던 일의 연장선상이다. 열악한 몽골의 예인 돕기 사업도 2년째 해오고 있는데, 재정적으로 힘들다.

—당신이 만든 히서연극상(올해 13회)의 시즌이 됐다. 연극인들이 가장 받고 싶어 하는 상 아닌가.

2008년 11월 열렸던 경매 행사 '메타와인파티'가 그 기금 마련을 위한 것이었다. 관련 예술가들과 함께 소장품을 경매해 재원을 마련하는데, 올해 출품작 중에는 마티스의 「푸른 인간」 판화 등도 있었다. 상금 400만 원이 이 같은 경매로 거의 충당된다.

—1989년 메타기획을 띄우고 난 뒤, 어떤 일들이 벌어졌나.

우선 '문화기획자'란 말을 처음으로 내걸었다. 좋건 싫건 내가 1대 문화기획자가 된 셈이다. 1990년 '예술의 영성'을 주제로 세계의 무속을 LA 아트페스티벌로 모아들인 이래, 1993년 대전 엑스포, 1995년 광복 50주년 전국 길놀이 등의 국가적 행사를 기획했다.

1998년은 좀 독특하다. 그해 아비뇽 축제가 한국 공연을 처음으로 공식 초청했는데, 한국주간 행사에서 예술감독을 맡았다. 안동탈춤축제, 문화예술기획자들의 모임인 다움예술연구회 일도 시작했다.

—'문화는 의도적으로 조직해야 한다'는 것을 한국 사회에 처음으로 알린 셈이다. 어떻게 시작됐나.

1977년에 문을 연 소극장 공간사랑이 출발점이다. 한국 사회가 절대 빈곤을 막 벗어나던 시기였다. 문화에 대한 에너지가 축적됐고, 젊은이들은 아르바이트를 통해 아쉬운 대로 경제력이 막 생겨나 그 주요 소비층으로 부상했다.

아직 대학로는 생기지 않았었지만, 연극이 갑자기 호황을 이뤘다는 점도 중요하다. 카페 떼아트르, 삼일로 창고극장, 드라마센터 등으로 구획된 실질적 축, '명동 문화 벨트'의 존재는 그 같은 변화를 웅변했다.

–당신과 건축가 고 김수근 씨와의 만남이 한국 현대 문화의 풍경을 바꾸지 않았나.

김수근 선생은 국립박물관 초대 관장이었던 최순우 관장 등 어른들한테 문화의 정통을 익힌 분이다. 통 크고 문화에 대한 애착이 강하던 그가 세운 공간사랑은 당시 최신 음향기계, 스타인웨이 그랜드 피아노 등의 고가 기기가 실재하던 곳이었다.

그는 내게 '정말 좋은 공연'만을 항상 강조했다. 그가 77년 1월 공간사랑을 맡길 실무자를 물색하다 나와 만났다. 그가 나와 몇 마디 나누더니 '당장 내일부터 일하라'고 하더라. 청년 백건우가 와서 연습을 겸해서 고가의 스타인웨이 피아노를 길들이던 모습이 선하다.

–공간사랑은 잡지 『뿌리 깊은 나무』와 함께 1970년대의 숨통을 틔운 주인공이었다. 그곳에 어떤 사람들이 있었나.

『뿌리 깊은 나무』의 한창기 사장이 공간사랑의 단골이었다. 품격 있는 문장을 추구한다는 그 잡지의 사시가 3차원으로 확산된 것이 공간사랑이었던 셈이다. 나는 전통을 존중하는 동시에 현대성을 추구한다는 기치 아래 공연 프로그램을 기획했다.

전 문화재청장 유홍준 씨가 잡지 『공간』의 편집을 맡고 있었고, 연출가 강영걸 씨가 1978년 합류했다. 1986년 김수근 선생이 사망한 후 10년의 공간사랑 활동을 접고 나는 3년 뒤 메타기획을 만들었다. 새로운 일을 해야만 하는 팔자를 타고난 듯하다.

—요즘은 '기획자 권력'이란 말이 유통될 정도로 문화기획자들은 힘이 세다. 어떻게 보나.

매우 안 좋은 말이다. 기획자가 만든 문화상품이 부를 창출하고, 관련 프로덕션이 문화를 쥐고 흔들기 때문이다. 특히 뮤지컬 등 엔터테인먼트 비즈니스의 경우에는 기획자들이 예술가들의 목줄을 쥐고 흔드는 일이 버젓이 벌어지고 있다.

원래 기획자에게는 홍보, 관리 업무는 물론 아티스트를 보호·육성하는 의무도 있다. 이제 엔터테인먼트 비즈니스가 된 뮤지컬은 태반이 잘못 가게 돼 있다. 예술가들을 언제나 대체 가능하다고 간주되는 부품으로 전락시키는 작태다. 자라날 수 있는 기회를 아예 박탈하는 셈이다.

—지금 세상이 그런 것 아닌가.

그렇다. 세계의 전반적 흐름이다. 돈벌이 될 계획 세우고 그에 동조하는 투자자가 펀드를 제공, 돈으로 볼 것 만들어 파는 비즈니스가 이른바 공연기획이다. 거기서는 여러 투자자들이 손해 안 볼 상품 만드는 게 최선의 목적이다. 근본적으로는 인생 2모작, 3모작을 해야 하는 불안정한 사회구조 탓이다. 나는 후배들에게 가능하면 예술가를 소모시키지 말라고 강조한다.

–한국 문화가 특히 유념해야 할 부분이 있다면.

일단 남보다 빨리 달려가는 데만 급급한 우리나라 사람들에게 문화에 대한 생각이 있는지 묻고 싶다. 국제가를 웃도는 한국의 그림 가격은 화상들이 올려놓은 것이다.

아무리 좋은 것이든 한국인한테만 넘어가면 속화된다는 인식이 퍼져 한국은 국제적으로 인정을 못 받게 된다. 한국 하면 악착같이 움켜쥐려는 나라라는 인식에서 오는 손실은 차 몇 대 더 파는 것으로는 도저히 감당하지 못한다. 일본인이나 유대인의 현명함도 없다.

군사정권이 우리의 심성을 거칠게 만든 탓이지만, 이제는 숫제 정부가 나서서 '허브' 니 '한류' 니 너무 쉽게 말해버렸다. 결과적으로 미움(혐한 감정)만 사게 됐지 않은가. 6·25로 재즈와 콜라가 유입됐다. 이게 '미류美類의 정책'이라 했다면 한국인들이 견뎠겠나. 이제 아시아 문화를 위해 진정으로 할 수 있는 일이 뭔가를 생각해야 한다.

−해결책은 있는가.

예술가 지원이 문화 향상의 지름길이라고 하지만, 진지한 예술교육 프로그램으로 향수자를 먼저 키우는 수밖에 없다. 그 기회가 박탈된 한국인들이 불쌍하다는 생각마저 든다. 콘서트홀에서 박수를 열심히 치지만, (알고 치는 게 아니라) 자신을 현시하는 유효한 기회로 연주회장을 택하는 것일 뿐이다. 어떤 종류의 공연물이든 한국에서는 그렇게 변하고 만다.

−큰 일만 하는 것 같다.

2006년 내 고향인 서천에서 1주일에 한 번 꼴로 문화관계자 교육을 요청해 왔는데, 그게 나를 돌아보는 계기가 됐다. 그들을 위해 '지역다움 30년 프로젝트'라는 이름의 마을 잔치, 귀농 희망자 교육 등의 사업을 펼쳐갈 계획이다. 이 같은 장기 프로젝트는 관에 의존하면 불가능해진다. 비도회지 사람들은 상대적 박탈감이 크다. 가진 한도 내에서 풍성하게 살 수 있는데도, 빈곤감에 사로잡혀 '머릿속이 꾀죄죄해진' 그들을 위한 일을 하고 싶다. 그 일은 한국인이 이제 경제력에 걸맞는 격(생활 패턴)을 갖춰나가야 한다는 내 신념이 현실화하는 계기이기도 하다.

다시, 길을 떠나다

"일탈의 흐름을 막아주는 것이 문화,
역사관과 인문학적 사고가 필요"

문제는 깊이와 폭이다. 강씨에 의하면 관건은 "문화에 대한 애정이 아니라 깊이이며, 그것을 현실적으로 받쳐 줄 중간층의 넓이"다. 알게 모르게 담론의 중핵으로 끼어든 '국격'이란 문제를 담지해 줄 요체 또한 거기 있다.

성장제일이라는 구호가 설득력을 잃은 지금, 문제는 잉여 에너지의 처리에 있다고 강씨는 믿는다. 넘침이 일탈로 이어지는 흐름을 틀어주는 것이 문화, 구체적으로는 문화 정책에 있다는 것이다. 연극·영화인 등 문화인들에게서 문화 행정의 수장이 나왔지만 역사관 등 인문학적 사고의 깊이가 최대의 관건이라는 점이 전제되지 못한다면 결국 경제 관료가 예술·문화 정책을 끌어갔던 때와 크게 다를 바 없다고 믿는다.

이 도저한 문화주의자가 꼽는 필생의 역작은 2006년 고향 땅(서천)에 만든 '아카디메아 서천'이다. 이 교육 프로젝트를 위해 1, 2주마다 한 번씩 들러 강의나 포럼을 주재한다. 막연히 도회를 부러워하는 고향 사람들의 '의식의 오차'를 수정하기 위한 것이다. 어찌 도농 간의 격차뿐이랴. "국격, 국격 하지만 현재 상태라면 그것은 미국산 싸구려 상품의 소비를 부추기자는 구호를 넘어서지 못한다." 다시 한 번, 문화의 수준에 대한 지론이 펼쳐지는데…. 그가, 한없는 문화의 힘을 말했던 백범을 가장 존경하는 것은 당연하다. 국격이란 추상적 문제가 이벤트나 하드웨어 문제로 당당히 치환되는 이 시대, 그는 홍익인간이라는 빛바랜 꿈을 꾸는 이상거나 혹은 별난 사람일까?

1947년생. 공연 기획자로 문화관광부 장관 감사패(1998)를 수상하였으며 현재 메타기획 대표이다.

"만화는 엉덩이로 그리는 것,
10년 안에 후배들 중 세계적 작가
나올 것"

만화가_ 이두호

"나는 만화가예요. 볼 때 재미있게 보고, 다 본 뒤는 고개 끄덕이는 만화 그리는….
정말 그랬으면 좋겠어요." 두루뭉술, 가장 한국적인 얼굴을 한 그의 주인공들을 닮아
만화가 이두호(세종대 만화애니메이션학과 교수) 씨의 바람은 어찌 보면 검박하기까지
했다.

그는 한국만화가협회가 주최하고 문화체육관광부가 후원하는 '2008 오늘의 우리만
화상' 수상자로 선정됐다. 1969년 이후 40여 년을 한눈 팔지 않고 만화가의 길을 걷는
그를 연구실에서 만났다.

–만화가로서 많은 분량의 삶을 살았다. 스스로를 규정한다면.

만화에 대한 뚜렷한 의식이 생겨난 1980년대 초 이후, 체질에 맞는 역사물에 집중하자고 결심했다. 『주간중앙』에 「바람 소리」, 『새소년』에 「암행어사 허풍대」를 그린 이후 지금까지 역사물로 일관하고 있다. 누덕마을, 꺼꿀이, 왕질악 등의 고유명사가 그래서 탄생했다.

–역사에 대한 관심은 언제부터 시작됐나.

생활 복식이나 용어 등을 확인하고 고증해야 하는 등 어려움이 있지만, 그것을 극복하고 스토리 짤 때 개연성 있는 상상을 하는 것이 즐겁다. 인간사란 시대만 다를 뿐 상황은 똑같다는 믿음이 큰 몫을 하고 있다.

–제일 좋아하는 인물은.

을지문덕이다. 늘 당하기만 하는 한국사에서 시원한 느낌 선사하는 인물 아닌가. 그러나 직접 다루진 않았다. 조선시대 이전은 고증이 힘들기 때문이다.

–만화라면 역사에 대한 상상력이 용인되지 않을까.

내 생각은 다르다. 악당 홍윤성의 경우 『세종실록』 등에서 찾아낸 뒤 관련 자료를 다 뒤졌고, 1986년 『주간만화』에 연재한 「덩더꿍」에서 그 이

『임꺽정』

름 그대로 썼다.

―히트 친 주인공들이 많다. 그중 머털도사(임꺽정)가 단연 먼저 떠오르는데.

한국형 판타지라 할 만한 머털도사는 어릴 적부터 주인공으로 한 번 꼭 그리고 싶었다. 원제는 '도사님, 우리 도사님'으로 하려 했으나 기독교 계통 잡지라 제목을 바꿔야 했다.

「옛날 옛적 털살이」라는 이름으로 연재했는데, 『소년경향』 창간 때 게재하면서 머털도사로 개칭했다. 머리털 뽑는 버릇 때문이다. 또매는 '또 매 맞을 짓 한다' 해서 붙인 이름이다. 장독대는 그 다음 나왔다.

―주요 작가들의 만화박물관을 만들자는 이야기가 있다고 하던데.

수년 전부터 사석에서 우연히 나왔다. 제대로 하려면 고우영부터 해야 한다는 입장이다. 아직 나까지 구체적으로 거론될 상황은 아니다.

다시, 길을 떠나다

—만화가가 되기 전의 모습은.

홍익대 서양화과에 다니면서 만화를 그렸다. 생계 때문에 만화를 그려야 한다는 갈등이 엄청 심했다. 유화를 그리고 싶은데, 사회 인식이 나쁜 만화로 살아야 한다는 자괴감 때문이었다. 철조망, 기차 레일, 블록, 망치 등을 그리며 당시의 답답한 심정을 표현했다. 남한테는 절대 안 보여 줬다.

—한국에서 만화의 지위가 사회적으로 향상된 것은 최근의 일이다. 절필 선언까지 했던 게 그리 오래전 일은 아니다.

1997년 청소년보호법이 시행되고, 스포츠지에 연재 중인 만화가들에 대한 압박이 현실화했다. 사회적 논란이 컸던 이현세의 『천국의 신화』 재판이 벌어지고 있던 때였다. 나도 『스포츠조선』에 연재 중이던 「째바리」로 검찰 조사를 받고 있었지만, 그보다 만화가협회 회장으로서 5년을 끈 재판마다 꼬박꼬박 갔다.

2002년 9월 3일 청소년보호법 위반 혐의로 기소유예됐다(그는 날짜까지 정확히 기억한다). 두 장면이 문제였다. 포도대장과 독대의 모친이 부정하는 장면, 포졸이 넘어진 독대의 사타구니를 칼로 겨누는 장면 등을 걸고 넘어졌다.

참담한 심정으로 항고해 볼 생각까지 하다가 다른 만화가들과 함께 절필을 선언한 것이다. 결국 스포츠지 연재 작가에 대해서는 무죄 판결이 났다. 증인 출두비가 모두 주차비로 들어갔다.

–산업화된 한국 만화에 대해 어떻게 생각하나.

이제 공은 만화가들에게로 넘어왔다. 외부의 압력은 현저히 제거됐고, 자기검열도 없는 때다. 이제는 좋은 작품만이 말해 줄 것이다. 학생들한 테 '만화는 엉덩이로 그린다'고 하는 것은 치열한 정신이 필요하다는 것을 말하기 위한 것이다.

–테크놀로지도 급변하고 있는데.

만화는 과도기에 돌입했다. 새 장르로 부상한 온라인 만화를 어떻게 활용하느냐가 현안인 시대다. 온라인 만화의 매체적 특성을 살린 '강풀의 『순정 만화』'는 시대의 흐름을 반영한 사례다. 그러나 원고료 현실화가 걸림돌이다. 젊은 만화가들의 온라인 만화는 고료가 없다.

–사실 만화는 공짜라는 생각이 만연하지 않았나.

그래서 유료 회원제 정착 등의 실질적 해결책을 놓고 만화가협회, 우리 만화연대, 코믹타운 등의 행동이 주목되는 시점이다. 특히 해외에서는 이 문제와 관련, 만화 강국인 한국에서의 상황이 어떻게 진행되는지에 대해

예의 주시하고 있다.

─애니메이션도 대세다.

콘텐츠 개발의 차원에서 접근해야 할 문제다. 과도기적 침체, 클릭 수
와 원고료의 연계 등 연구해야 할 현안이 많다. 생산자들에게는 인터넷
환경에 맞는 연출력 개발을 당부한다. 출판, 영화와 연계될 수 있는 콘텐
츠 개발이 관건이다. 특히 만화 강국인 일본은 한국이 이 문제를 어떻게
풀 것인지 초미의 관심을 보이고 있다.

─바람직한 만화 강국상이 있다면.

세계적 작가가 나와야 한다. 동 시대의 가려운 곳을 시원히 긁어주는
시사만화, 산업적 부를 창출하는 만화 등. 지금 추세로 볼 때 5~10년 있
으면 가능할 것으로 보인다. 스포츠지를 중심으로 만화 관련학과 졸업생
들이 펼치고 있는 활동에 희망을 건다.

─인세 수입은 얼마나 되나.

프랑스에서 번역된 『임꺽정』에서, 그리고 '머털도사' 는 모바일 중심으
로 가끔씩 들어온다.

-만화의 현실 변화 기능을 어떻게 보나.

만화에는 영화와 문학의 기능을 다 할 수 있는 고유의 힘과 가능성이 있다. 가장 큰 걸림돌은 스토리다. 그러나 문창과 출신 등 작가들이 큰 가능성을 제시하고 있다. 『식객』, 『타짜』 등이 바로 그렇게 해서 탄생했다. 나는 전문 작가와 작업하는 복이 없었지만 후학들에게 적극 권장한다.

이두호는 …

"12가지 다른 기법, 21편 전편에 가득"

이두호 씨가 발간한 『이두호의 가라사대』(행복한만화가게 발행)는 그가 육순의 나이에 새롭게 던진 출사표다. 이 만화는 그가 면밀한 텍스트 연구로 건져 올린 한국의 괴짜들 이야기다. 앞서 나온 『이두호의 한국사』(김영사 발행)의 문제의식을 확장한 작품이기도 하다.

『이두호의 가라사대』에는 '만화는 엉덩이로 그리는 것'이라며 후학들에게 우직한 장인 정신을 강조해 온 그가 컴퓨터 프로그램을 적극 구사해 그린 만화 21편이 전편에 가득하다. 최초로 아크릴로 그린 만화도 있다. 12가지의 다른 기법을 한꺼번에 구사했다는 실험정신에서 단연 우리 만화사의 획을 긋는 작품이다. 말미에는 작업 도구와 그 사용 기법 등 작품의 '사양'까지 밝혀두었다.

그의 예술적 오기이면서, 후학들을 위한 스승의 배려다. 이씨는 "1회용 만화를 넘어서, 일본의 만화를 이겨낼 작품을 그리자는 전략적 시도"라고 말했다.

그는 "평소 학생들에게 더 이상 손 댈 것 없을 정도의 높은 완성도를 예술적 수준으로 요구한다"고 말했다. "프랑스의 알베르 우데르조가 그린 「아스테릭스」나 앵키 발랄의

「나코폴」 같은 치밀한 만화를 보면, 내가 헛살았구나 하는 생각마저 든다. 물론 현실적 문제도 있긴 하다. 나는 쇄도하는 원고 청탁으로 한 달에 170쪽까지 그린 적도 있다. 완성도가 떨어지게 마련이다. 그런데 저 친구들은 1년에 60~70쪽 그리는 게 전부다."

「이두호의 가라사대」는 또한 복싱, 축구, 홈드라마 등 폭넓은 세계를 보여 온 그가 다시 한국사 탐색으로 돌아가는 작품으로도 보인다. "고대를 기점으로 최소한 유신까지는 되돌아본다는 계획이다. 역사 전문가가 아니어서, 출판사에서 기초자료를 제공하면 내가 그리고 감수하는 식으로 진행하고 있다. 민초들의 시각에서 한국사를 그리려니 두렵고도 송구스럽다. 이이화 선생 등 사학자들의 책을 다시 보는 것은 그래서다."

그는 「덩더꿍」을 그릴 때 전두환 정권 실세들의 행태를 풍자도 해 봤고, 마음에 안 드는 유형의 인간을 만화 속에서 죽이기도 해봤다"며 "이젠 우리 역사를 제대로 보겠다"고 말했다. "초등학교 1학년 때 겪은 6·25의 기억이 아직 생생하다. 모친이 포성 속에서 나를 업어주던 일, 그때 내리던 눈에 마치 반딧불처럼 보이던 총알 파편, 즐비한 시체, 살아남은 부상자들의 고통 등을 똑똑히 목도했다. 멋모르고 4·19 시위에 동참한 일, 이후 겪은 5·16 등 역사의 격변이 나의 개인사로 어떻게 간직돼 있는가를 돌아보고 싶다."

이씨는 "연재에 쫓겨 「가라사대」를 유화로는 못 그렸다. 기회가 되면 시간과 재료 아끼지 않고 증보하고 싶다. 다양한 표현 기법을 계속 연구하는 것은 바로 그 이유"라며 말을 맺었다.

1943년생. 만화가, 애니메이션 감독으로, 보관문화훈장(2001)을 수상하였으며, 부천만화정보센터 이사장을 역임하였다. 현재 세종대 만화애니메이션학과 교수로 재직 중이다.

만화가 이두호

"척박한 음악계에서 도움 없이도
생존, 이것이 내 자산"

지휘자_ 금난새

"나는 대한민국의 음악가 중 남의 힘을 빌리지 않은 유일한 음악가다."

1977년 카라얀 콩쿠르에서 「마탄의 사수」 서곡으로 3위에 입상한 일은 당시로서는 큰 사건이었지만, 돌아보면 작은 출발이었다. "중요한 것은 청중에게 행복감을 주어야 한다는 사실이다. 사람이 안 들면 기업에서 계속 콘서트 후원하겠느냐?" 금난새(유라시안 필, 경기필하모닉오케스트라 예술감독) 씨의 자부는 단단한 지반 위에 서 있다.

국내의 클래식 생산·소비 관행에 일련의 충격을 주고 있다는 점에서 그는 예외적이다. 바깥에서 보는 시선이 그런 만큼, 본인의 자기 인식 역시 그렇다.

국내 최초로 지휘자가 해설자로 등장해 전석 매진을 기록한 1993~1999년의 '청소년음악회'는 작은 예다. 이후 '굿모닝 콘서트', '도서관 음악회', '해설이 있는 오페라' '찾아가는 음악회' 등 그는 서울과 지방을 넘나드는 활동을 해왔다.

2005년부터 그가 펼치고 있는 실내악 축제 '제주 뮤직 아일 페스티벌'은 제주도를 고품격 실내악의 고향으로 만들었고, 2007년부터 열고 있는 '무주 페스티벌 & 아카데미'는 솔리스트 양성 일변도의 클래식계에 새 바람을 불러일으켰다. 다음은 그가 "이렇게 편하게 이야기한 것은 전례 없다"며 한 말들이다.

다시, 길을 떠나다

−TV 드라마 「베토벤 바이러스」의 주인공 강마에가 당신을 모델로 한 것이 라고도 하는데.

사실 너무 바빠서 한 번도 못 봤다. 최근 전해들은 바로는, 드라마에 유 라시안필을 연상케 하는 에피소드가 몇 개 있었다고들 하더라. 겉보기는 정상적이지만 내면적으로는 괴짜인 내 모습과 비슷했을 수도 있겠다. 정 규 연주장을 벗어나 로비 연주회를 추진할 때의 이야기가 드라마에 나온 듯하다.

−안정된 KBS 교향악단 지휘를 마다하고 수원시향에 간 것부터가 어찌 보면 괴짜 행동 아닌가.

당시 1년에 10회 연주도 안하던, 존재감이 없던 수원필을 수원갈비보 다 유명하게 만들겠다고 결심했다. 수원시향을 택한 것은 나의 기질 때문 이다. 나로 인해 시시한 단체가 건전하고 좋은 단체가 될 수 있다는 가능 성에 매달린 것이다.

내가 내 힘으로 커 온 과정이 그랬다. 지휘자는 여러 오케스트라를 가 질 수 있다. 수원시향에서 마침 SOS를 보내 와 '도와주겠다'고 했더니 KBS는 안 된다더라. 우리가 월급 주는데 왜 딴 데 가느냐는 것이었다.

－더욱이 KBS의 경우는 전임 아니었나.

교향악단 단원들은 모두 레슨, 강의한다. 오케스트라 활동에 빈틈이 생길 수밖에 없다. 그러나 나는 지휘만 했다. 다른 오케스트라 맡는 것은 당연하다. KBS 같은 경우는 객원·외부 지휘자 다 있다. 내게 주어진 것은 3분의 1인 셈이다. 나머지 60~70%는 다른 오케스트라 지휘해야 하는 것 아니냐.

－1999년까지 수원시향 지휘, 2000년 유라시안필 창단(음악감독 겸 상임지휘), 2006년 경기필하모닉 지휘 등 운신이 눈부시다. 유라시안필은 당신에게 어떤 의미였나.

수원시향을 그만두고 진짜 내 오케스트라를 갖고 싶었다. 수원시향을 유명하게 만들었으나 결국은 제도권이었다. 벤처(여기서 벤처란 모험 혹은 투기적 자본이라는 공격성보다 '자립'이란 의미가 더 강하다) 오케스트라의 꿈이 응결된 것이 유라시안필이다.

－외부의 지원은 없는가.

서울시향은 1년 예산으로 130억 원을, KBS는 95억 원을 받는데, 우리는 1원도 지원받지 않는다. 그러나 더 많이 연주하고, 더 많은 청중에 서비스한다. 그렇다면 국가는 어느 단체에 지원해야 하는가. 나의 재산은

다시, 길을 떠나다

도움 없이도 꾸려나가는 독립심이다.

– 당신이 생각하는 일반인의 문화 향유 기준이 있을텐데.

이른바 명작을 들어볼 기회는 주어져야 한다. 건강한 사회라면 이상한, 별난 사람이 필요할 것이다. 하지만 말러나 브루크너의 전곡을 진짜로 좋아하고 이해하는 사람은 0.0001%도 안 된다.

이런 상황에서 전곡 연주 욕심은 순전히 아마추어리즘이다. 연습을 많이 해서 이뤄내는 것이 아마추어리즘이다. 프로라면 말러 전곡을 한 달 안에 연주해 낼 수 있어야 한다. 요청이 들어오면 다 소화해 내는 게 바로 프로 아닌가.

─대중 지향적 행보만을 한다는 비판도 있다.

그렇다면 남이 이해하지 못하는 것을 고집하는 것은 독단 아닌가. 세상에 필요한 음악을 해야 한다. 시장에 필요한 게 A인데, B를 고집하면 말이 되나. 우리 시장에 맞는 음악이 필요한 것이다. 소수만 이해하는 음악은 우리가 건강하고 문화적 수준이 높을 때만 가능하다.

─그런 견해가 오히려 편견일 수도 있지 않은가.

책도 이해될 수 있는 책을 번역해야 한다. 사람들이 행복을 느낄 수 있게 하는 것이 우선 순위다. 윤이상의 음악, 백남준의 예술을 제대로 이해하는 사람이 얼마 되겠는가? 독특한 문화란, 모든 분야가 건강할 때 필요한 것이다.

새로운 소리를 만든 작곡가들은 많다. 중요한 것은 문화가 소수의 기호만으로 되기에 앞서, 보편 타당성과 사회의 기호를 염두에 둬야 한다는 점이다. 지금 한국은 스탠더드한 곡들도 들어본 적 없는 나라다. 나는 연주회 가면 객석을 향해 이 곡을 들어본 사람이 있느냐고 물어본다. 0.1%만 안다더라.

─그렇다고 당신이 정당한 것은 아니지 않은가.

악기 자랑이 촌스럽듯, 전곡 연주회 같은 자랑도 촌스럽다. 중요한 점은 행복감을 주는 것이다. 우리 콘서트에 사람이 안 들면 기업에서 계속 후원하겠느냐. '청소년 음악회', '해설이 있는 오페라', '포스코 로비 콘서트', '캠퍼스 심포니 페스티벌', '마라톤 콘서트' 등은 일각에서 생각하듯 번스타인의 해설음악회를 모방한 게 아니다.

무엇보다 청중을 넓혀야 한다는 의무감에서 나왔다. 한 예로 이제는 일반화된 12월 31일 콘서트를 봐라. 그날은 대관하지 않는다는 관례도 그 같은 생각으로 내가 먼저 깼다. 지금은 모두 지휘자의 직접 해설 등 '금난새 패션'을 따라하지 않는가. 나는 지원 없이도, 척박한 음악계에서 생존할 수 있다는 것을 보여 주고 싶은 것이다.

– 유라시안필의 주안점은 어디에 있나.

쉽고도 즐거운 클래식이 목표다. 그 정점에 전곡 연주 프로그램이 있다. 2000년에 두 달에 한 번꼴로 포스코 로비에서 베토벤 교향곡 전곡 연주를 9차례 걸쳐 했다. 한 번 본 사람이 또 왔다. 차이코프스키, 브람스 전곡 연주회도 마찬가지였다.

– 한국의 음악가들과 소통이 적다는 비판도 있는데.

비비 꼬인 사회의 부정적 인식에는 관심 없다. 너무 다르니까 적이 생길 수도 있다. 내가 하는 일 자체를, 우리 사회는 하나의 제안으로 받아들여 주길 바란다. 처음에는 말들이 많다가 따라하는 게 그래서가 아니냐. 자위로서의 음악은 않겠다. 그런 예술은 착각이다. 우리는 사람 오든 말든 연주만 하면 되는 그런 단체 아니다. 자금을 지원해 주면서 '너는 음악만 하라'는 그런 일이라도 벌어진다면 또 모르겠지만.

-경제 위기 속에서 클래식 음악은 어떻게 될까.

100억 원이 넘는 지원금이 적다며 울상인 단체가 있다. 그들이 맞다고 생각하는가. 사회는 그렇지 않다. 현실을 모르는 문화지상주의는 착각이다. 지금 보라. 연주장은 있는데, 연주할 단체는 없는 게 현실이다. 문 닫는 지방 음대가 요즘은 낯설지 않다. 고객의 눈높이에 맞춘 다채롭고도 신선한 프로젝트는 많이 숨어 있다.

인터뷰 후 작별 인사 대신, 그가 고향 부산 사투리로 말했다. "그대로 써 주소." 그의 희망대로, 그대로 썼다. 인터뷰 중 그가 한 번, 불편한 심기를 드러낸 적도 있다. 자신의 다양한 활동에 대한 일각의 비판을 떠올리는 대목에서 그는 "그렇다면 내가 슈퍼맨이라도 되란 말이냐"며 언성을 약간 높였다.

"문화·CEO이자 실험가
새로운 시도·실황음반 꾸준히"

금난새 씨는 현실이라는 텍스트와 다양한 접점을 갖고 있다. 기획자가 차려주는 무대에 올라가 연주라는 퍼포먼스를 펼치는 거개의 음악인들과는 달리, 그는 자신의 예술이 어떤 식으로 존재해야 하는지 항상 실험한다.

2006년 '한국 CEO 그랑프리' 문화예술 부문 수상자로 선임된 후 그에게는 '문화의 CEO'라는 별명이 자연스레 붙게 됐다.

DVD로 발매된 경기필과의 「라흐마니노프 교향곡 2번」 연주회 실황(2008년 4월 21일 예술의 전당)은 그의 소통 방식을 증명하는 자리였다. 프랑스의 화가 제라르 에코노무스가 55분의 연주 시간 동안 무대 뒤에 설치된 캔버스(10×2m)에 즉흥 그림을 그리는 퍼포먼스를 병행한 것이다. 네티즌들은 "새로운 시도에 즐겁게 도전하는 금난새의 무대라서 가능했을 것"이라는 평으로 반겼다.

정규 클래식 공연장의 틀을 벗어난 이 같은 행보 덕에 그는 CD 등의 매체와 친숙할 수밖에 없다. 콘서트가 그가 대중과 만나는 한 축이라면 음반은 또 다른 축이다.

1989년 KBS 교향악단의 연주로 「쇼스타코비치의 피아노 협주곡 1번」 등을 스튜디오 녹음이나 실황 녹음으로 발매한 이래, 그는 「피터와 늑대」, 「카르멘 조곡」 등 음반 발표를 계속하고 있다.

특히 제주도에서 2005년 이래 해오고 있는 국제 실내악 축제인 '제주 뮤직 아일 페스티벌'의 실황 음반들은 정상급 연주의 현장을 스튜디오 녹음 음질로 재생, 라이브 클래식의 맛을 선사한다. 2003년부터 그가 한 달에 한 번꼴로 이화여대, 연세대, 고려대, 계명대, 전북대 등 전국의 대학 순례 연주회를 해오고 있는 것도 같은 맥락이다. CJ의 후원으로 사관학교, 사법연수원 등도 순회한다.

....

1947년생. 지휘자로 평론가협회 음악 대상(1999)을 수상하였으며, 현재 유라시안 필하모닉 CEO 겸 예술감독을 맡고 있다.

"셰익스피어 의도 존중하니
우리의 로미오와 줄리엣 나와"

극작 · 연출가_ 오태석

그의 배우들은 쉬는 게 일하는 것이고, 노는 게 연습이다. 푸진 4·4조 사설의 대사를 열심히 외는 사람, 촌로처럼 철퍼덕 앉아 쉬는 사람, 무대에 넓게 펼친 멍석에 분무기로 물을 뿌리며 먼지를 가라앉히는 사람. 극단 목화의 인간은 그렇게 거듭난다.

대표 오태석 씨의 표현법에 의하면 '삶의 결'을 새로이 새겨가는 것이다. 그 와중에 그는 무대 한쪽 구석 어딘가에서 연필을 들고 대본에 뭔가 열심히 써가며, 버전업의 습관을 버리지 못하고 있다.

그는 우리 연극에 어떤 존재일까? 답은 쉽고도 자명하다. 그가 없는 우리 연극판을 생각해 보면 된다. 한국의 연극판은 삽시간에 브로드웨이, 오프 브로드웨이, 오프오프 브로드웨이의 아류가 돼 세계적 매니지먼트사에 맡겨질 것이다. 그것조차도 세계화의 당연한 일부라고 한다면 더 이상 할 말 없는 노릇이지만. 공연 중인 그를 만났다.

─휴대폰은 왜 안 쓰나.

하는 일이 집중력을 요하는 것이다. 거기에 방해될 것 같아서다. 나는 연습 아니면 공연이다. 서너 군데(학교, 극단, 극장, 집) 중 한 곳에 있으니 큰 문제 될 건 없다. 사실 번거로운 원고 청탁을 가장 자연스럽게 차단하는 방식이다. 덕분에 나는 밖에다 글 쓴 적이 없다.

─당신이 연출한 「로미오와 줄리엣」과 「맥베스」에 대한 해외의 적극적 평가가 인상적이다. 런던이나 베이징에서의 공연평을 보면 '오태석 신드롬'이란 말이 왜 나왔는지 알 수 있을 정도다.

지금 하는 「로미오와 줄리엣」은 1995년 초연이다. 색깔과 움직임에 대해, 그때그때 10번은 넘게 고쳤다. 우리의 어두운 근대사 때문에 젊은이들이 자기 폄하에 빠져, 쉬 서구화돼. 우리 고유의 아름다움, 힘과 멀어진 것은 어른들의 탓. 나는 그것에 미안한 마음이다.

인류를 괴롭히던 이데올로기적 장벽, 즉 DMZ를 아직 치우지 못한 것저럼. 개뼈나귀 같은 이데올로기 때문에 4·3 사태 같은 허무맹랑한 일이 벌어졌다. 구한말 이후 지금까지 똑같은 형국 아닌가. 아니, 지금은 그 압력이 더 무섭다.

갈수록 튼튼해져 가는 걸 보면 지금까지 DMZ는 수혈을 받아 온 게 틀림없다. 미치겠어. 모두 다 돌대가리들이야. 어른들이 단추 잘못 끼워 저

「로미오와 줄리엣」

렇게 지내오다, 저 어린 로미오와 줄리엣이 4,000년 중에서 100년은 별 것 아니라고, 우리 젊은이들 위로하는 것이다.

나의 「맥베스」는 현대 한국의 정치사를 은유한다. 멀쩡하던 인간이 돈키호테처럼 돼가는 모습을 완전히 우리 문법으로 처리하는 거다. 노름에서 왕이 되는 패가 나왔는데 안 할 놈이 어디 있겠나. 나는 유혹에 빠져드는 맥베스를, 원전은 안 다치고 희극으로 만들었다.

지금의 구어체, 시쳇말 쓰지 않고 4·4조 언어를 이용해 아니리조 사설이 갖는 의외성, 즉흥성을 강조했다. 셰익스피어가 500년 전 글로브극장에서 대낮에 장 보는 사람들을 상대로 연극을 만들었으니 얼마나 재밌었겠나. 그 어떤 비극이라도 웃기며 갔다. 내가 셰익스피어의 본질은 farce(소극·笑劇)라고 보는 것은 그래서다.

다시, 길을 떠나다

—요즘 관객들과의 소통을 위한 재해석인가.

나는 재해석이 아니라, 우리 식으로 만든 것이다. 「로미오와 줄리엣」이 시초다. 셰익스피어의 의도를 존중하며 하다 보니, 결국 우리 것이 돼 버렸다.

—국립극단 예술감독 3년을 결산한다면.

국립극단은 1970년대 이후 외부 연출가의 자격으로 죽 계속 일해 왔으나, 예술감독으로 일하면서 연극의 구조에 대한 미학을 탐구해 보겠다는 숙제를 어느 정도 풀었다. 가부키, 노, 베이징 오페라, 카타카리(인도의 전통 공연 양식) 등 동양 연극의 정체성에 대해 깊이 있게 생각할 수 있었던 기회였다.

목화라는 동인단체의 실험을 84세의 배우까지 있는 국립극단 차원으로 확장한 것이다. 그러나 이상적 형태를 찾아가는 도중에 그만둔 느낌이다. 내 문법을 몸에 익힌 뒤에야 가능한 시너지까지는 못 갔다. 10년 정도는 함께해야 가능한 일 같다. 앞으로 목화의 운영에 큰 도움을 줄 경험이었다. 어른들과 아이들을 연계시켜 작품을 만들어 냈을 때를 가장 보람됐던 순간으로 기억한다.

—당신 고향 와룡리臥龍里의 순 우리말을 따 만든 극장 아룽구지는 어떻게 되나.

지하를 제외한 1~4층까지 모두 술집으로 변했다. 아룽구지를 예전처럼 운영하려면 두 배의 돈을 내라고 요구했다. 결국 대관을 해야 하는데 엄청난 돈이 들 수밖에 없다. 지금은 이름도 바꿔 뮤지컬 팀이 하고 있다. 「심청이는 왜 인당수에 두 번 몸을 던졌나」, 「천년의 수인」, 「자전거」, 「앞산아 댕겨라 오금아 밀어라」 등은 그 극장이 있었기에 공연이 가능했다.

-그 극장이 없어졌을 때의 심정은.

멍석을 걷는 심정이었다. 그러나 마음 한편에서는 '내가 동인제 극단을 꾸려가는 유일한 사람이다. 내가 기 죽으면 다 죽는다'는 소리가 들렸다.

-향후 극단 목화는 집 없는 천사가 되는 것인가.

아니다. 아르코극장 뒤 6층짜리 건물 중 4층을 연습장으로 쓴다. 붉은 악마들이 썼던 90평짜리 방이라 어떤 큰 작품도 가능하다.

-극단 대표로서 돈 관리는 어떻게 하나.

나는 '극단 하면서 절대 돈 남기지 말라' 는 원칙을 지켜왔다. 돈이 있으면 분란이 일어나는 법이다. 항상 0을 유지하므로 한 번도 분란이 없었다. 그러나 아룽구지를 운영하면서는 다음을 위한 자금은 항상 놔뒀다. 외부 도움이 없기는 지금도 마찬가지. 손 벌리지 말자는 광대정신이 곧 나다. 그러나 누군가 극장 도움을 줄 것 같은 마음이다. 막연하지만 될 것이다.

– '오태석 사단' 이란 말이 생겼을 만큼 극단 목화는 당신의 카리스마 아래 움직이는 공동체라는 인식이 강하다. 배우들이 극단에서 악착같이 작업하다, 영화 등 외부로 가서 인상 깊은 연기를 펼쳐 보인다. 그러나 목화의 배우라는 자존심만으로 현실적 어려움을 이겨내기는 쉽지 않을 텐데.

주연급 배우는 작품당 100만 원 받는다. 그들 중 유명세나 돈을 바라는 사람은 극소수일 것이다. 실생활에 부딪칠 수 있는 용기, 자신감을 갖는다는 의미가 크다. 될성부른 아이들은 차, 이성, 데이트 등 누리고 싶고 누릴 수 있는 것들을 버릴 줄 안다. 지하철 끊길 무렵에야 연습 끝나니 데이트는 꿈도 못 꾼다. 연극 관련 교수들이 아이들 교육시켜 달라며 보내는데, 오후 2~11시의 연습을 못 이겨 이 핑계 저 핑계 대고 다 빠져나가기 일쑤다.

–계속 떠돌이 극단으로 남을 것인가.

아룽구지를 처분한 돈 등을 바탕으로 내가 노력해야 할 부분이다. 기업 같은 데 손 벌리는 건 생리적으로 못 한다. 일본 가서 보니 영업 뒤의 목욕탕, 폐교회, 폐창고 같은 데서도 연습하더라.

–가장 애착이 가는 작품은.

1976년 예전 학생들을 데리고 명동 창고극장에서 했던 「춘풍의 처」다.

극작 · 연출가 오태석

"삼국유사 등 한국적 판타지 충만
「라이언 킹」보다 더 잘 만들 자신 있어"

시쳇말로 하자면, 아동극은 오태석 씨의 새로운 블루 오션이다. 국립극장 하늘극장에서 공연한 「로미오와 줄리엣」은 한국적 볼거리로 가득찬 현장이었다. 아동극보다 더 재미 있는 무대라는 소문이 퍼지면서, 어린 관객들은 공연 시작 두어 시간 전부터 어른들의 손을 잡고 기다린다.

무대 중앙에는 커다란 멍석이 깔리고 뒤에는 현무도 그림, 전통 칠교놀이를 형상화한 그림 등이 내걸렸다. 옛 이탈리아가 천년을 이어 온 '약속'의 공간으로 재현된 것이다. 공연 직전, 배우들은 객석에 들어가 먹을 것도 준다. 공연 중 어린이 관객들은 어른들보다 빨리, 웃고 박수 치며 극에 빠져든다.

2002년의 「내 사랑 DMZ」는 오씨의 아동극에 대한 본격 출발을 알리는 자리였다. 어른 들의 전쟁놀음으로 인적이 끊긴 DMZ 그곳이 생물의 낙원으로 거듭나고 있다는 사실 에 주목한 결과였다. 무대 밖에도 오씨의 상징어법들이 그득한 극장에서 아이들은 노루 와 토끼의 이야기에 빨려 들어갔다.

아시테지(국제아동청소년연극협회) 한국본부 김우옥 이사장이 2002년 한국을 주빈으로 치 러지는 행사를 만들어 줄 것을 부탁해 오면서, 그는 잊고 있던 꿈을 기억해냈다. 그는 "페스탈로치처럼 되고픈 평소의 마음이 항상 있었으나, 가장 섬세한 영혼에 대해 이야 기하는 것이 얼마나 지난한 작업인지 알므로 선뜻 나서지 못했다"고 말했다. 그러나 여 우처럼 친근하던 전래 동화의 주인공들이 사라졌다는 위기감이 엄습했다. "바로 그때, 어린이의 판타지가 재상할 수 있는 곳이 DMZ라는 생각이 들었죠."

오씨는 "실제 공연을 해 보니, 「라이언 킹」보다 더 재미있는 아동극을 만들 자신이 생기고 있다"고 말했다. 그는 "내 연극 어법의 근간은 한국 고유의 생략과 비약"이라며 "그게 바로 아이들 정서"라고 덧붙였다. 삼국유사 등 한국적 판타지가 충만한 텍스트를 기반으로 해 어린이들에게 어울리는 이야기를 발굴하는 일을 급선무로 꼽았다.

1940년생. 연출가로 제36회 대한민국문화예술상(2004)을 수상하였으며 국립극단 예술감독을 역임하였다. 극단 목화레퍼토리 컴퍼니 대표이다.

"판소리는 우리의 저력…
원형을 훼손하지 않는다는 원칙을
지키기가 갈수록 힘들어진다"

명창_ 안숙선

지음知音

벗이 거문고를 타면, 그 소리를 다 알아듣는다는 옛 중국 고사에서 나온 말이다. 명창 안숙선 씨가 「육자배기」, 「흥타령」 등의 소리를 모아 2000년에 발표했던 CD의 제목이기도 했다. 세밑의 국립국악원 우면당을 휘감던 삭풍을 내몰았던 것 또한 지음의 열기였다.

좋은 국악 공연이 있으면 어디서든 달려오는 귀명창들이 신인 여자 가객 김현주의 탄생을 지켜보고 있었다. 남자도 하기 힘든 우조羽調의 헌걸찬 가락이 좌중을 압도해갔다. 도원결의 대목으로 구성지게 넘어가자, 추임새가 절로 터져나왔다.

객석 한가운데 자리 잡은 안숙선(중요무형문화재 제23호 가야금 산조 및 병창 예능 보유자, 한국예술종합학교 전통예술원 음악과 교수) 씨는 무대를 응시하고 있었다.

그러잖아도 연말 송년음악회 등의 빡빡한 일정에 피로가 쌓여가던 차에 애제자의 노랫가락이 자장가였던가, 눈꺼풀이 감기면서 그는 노래 속으로 빠져들었다. 판소리 다섯 바탕 완창에 전수까지 감당하는 여장부에게 모처럼 쉴 기회가 온 것이다.

다음은 안숙선 씨와 공연 직전 나눈 말이다. 그는 국악의 변화와 생존에 대해 많은 생각을 하고 있었다. 변화를 두려워하지 않는 적통으로서 그의 존재는 귀하다.

—당신은 창극의 대명사다. 창극은 어떤 예술인가.

1975년 국립창극단 입단으로 맺어진 인연이다. 당시 단역인 초라니로 나와 꽹과리 치며 민요를 불렀다. 그러나 박동진 선생님으로 대표되는 전래 판소리 열두마당에는 외설적인 말이 많아 꺼려왔는데, 창극은 그것을 이를테면 순화시킨 결과물이다. 유네스코 무형문화재로 등재된 판소리를 우리의 대표적인 몸짓에 실은 셈이다.

—조금 뜻밖이었다. 2009년에는 「안숙선과 함께하는 변강쇠전」을 공연했는데 거기서의 역할은.

원래 옹녀 역을 하려 했다. 그러나 이제는 나이도 안 맞아(옹녀는 20대다), 해설자 격인 도창導唱으로 나섰다.

—「변강쇠전」은 당신의 국립창극단 입단작이기도 한데, 33년 만에 다시 하는 소회는.

당시 창을 만드셨던 박귀희 선생, 옹녀 역의 오정숙 선생은 세상을 뜨시고 그 뒤를 조상현, 남해성 씨가 잇고 있다. 강산이 세 번 바뀐 뒤, 오늘의 관객들이 창극을 올바르게 이해하게 하는 데 초점을 둔다. 한국예술종합학교 연극원의 김석만 교수가 연출을 맡았다.

-창극의 원형을 찾아간다는 말인가.

흔히 알고 있는 대규모 마당놀이 식의 창극이 아니라, 1인 다역이 원칙이었던 150년 전 초기의 모습대로 한다. 배우 8명에 악사 6명이 펼치는 무대의 맛이 새롭다.

-서울시가 남산국악당을 열면서 당신 이름을 내걸고 창극 공연을 하려 했는데.

고마웠지만 일정이 허락지 않았다. 그러나 앞으로는 매 연말에 창극을 고정적으로 선뵐 생각이다. 해보니, 경제 여건이 부쩍 어렵고 날씨도 추운데 300석 중 250석은 찬다.

–인기 비결은.

무대 예술의 맛을 살리는 데 있는 것 같다. 특히 아주머니들이 뒤집어지는데, 난리도 그런 난리가 없다. 변강쇠와 옹녀의 '기물 타령', 그림자극으로 나타낸 남녀의 희롱 대목 등에 대한 반응은 압권이다. 내년에는 더욱 재미난 작품을 선보일 생각이다.

소규모라 기동성이 좋다는 사실도 중요하다. 모두해야 20명 남짓한 단원들이 발빠르게 움직이니, 지방이나 해외 공연에서 특히 강하다. 대편성으로 하자면 배우 50명, 악사 10명, 기타 스태프 등 해서 150~200명은 필요하다.

–요즘 관객들과 어떻게 통하나.

가장 쉬운 현대어가 목표이다 보니 유행어도 쓴다. 막간에 '남산골 시스터즈' 니 '리얼리티가 있는 판타지' 라느니 하며, 내가 즉흥적으로 객석에 던지는 말이 좋은 예가 되겠다. 그것은 원 텍스트가 고단수 코미디이기 때문에 가능한 일이다. 세대별로 반응하는 방식이 다른데, 그것을 보는 것도 큰 재미다.

-타 장르와의 만남에 어느 국악인 못지않게 진보적인 족적을 남겼다. 어떻게 시작됐나.

호형호제하며 지내는 사물놀이의 김덕수 씨가 적극 제의했다. 1995년 미국의 재즈 그룹 레드선과 함께 「토끼이야기」라는 제목으로 수궁가 중 한 대목을 불렀다. 그런데 여기서는 서양의 재즈 뮤지션들이 우리 음악을 이해하고 있었기에 가능한 일이었다는 점이 중요하다.

도와주고 빠지는 시점을 즉흥적으로, 본능적으로 알고 있더라. 첫 만남에서 화합을 이뤄냈던 것은 그래서다. 발표되자 특히 가수들이 '국악에 저런 것도 있구나' 하며 호응해 왔던 기억이 난다. 자진모리 대목은 엄청나게 좋아하더라.

-최근에는 어떤 무대를 가졌나.

지난해 미국 휴스턴 국립박물관에서 한국관을 열면서 초청이 왔다. 「Rabbit Story」라는 제목으로 수궁가 한 대목을 들려주었고, 가야금 병창과 판소리 무대도 선보였다. 그런 식으로 그 곡은 지금까지 10여 차례 무대에 섰다.

내가 그런 일을 한 것은 한정돼 있는 판소리와 창극 관객의 저변 확대를 위해서다. 우리 음악을 알리고 싶다는 생각도 있었다. 내 시도 중 어떤 것은 살아남아 새로운 전통을 형성할 수도 있다는 믿음이었다. 사실 다른 음악과의 만남이란 문제에 대해서는 초창기 국립창극단 시절에는 어른들의 반대로 관심을 기울이지 않았다. 88올림픽을 계기로 인식이 확 달라졌다.

–그 같은 작업의 결산을 한다면.

우리 음악을 돋보이게 하는 편곡이 전제돼 있지 않다면 곤란하다는 생각을 하게 됐다. 영화 「서편제」 같은 작품처럼 전통을 훼손하지 않으면서 우리 것을 대중에게 알리는 지혜가 필요하다.

다른 음악과의 만남에서 '나도 상대도 서로의 음악에 대한 충분한 이해가 있어야 한다'는 것을 더욱 절감하게 됐다. 내 음악을 돌아볼 계기가 돼 내 음악의 실체를 보다 깊이 있게 생각하게 됐다.

–후배들에게 들려주고 싶은 말은.

실은 1990년대 초에도 김희조 씨 편곡으로 수궁가, 사랑가, 남도 전통민요 등을 현대화해서 불렀다. 그러나 나는 판소리 전통은 어떤 것과도 바꿀 수 없다. 그것은 수많은 명창들이 발전·축적시켜 온 결과다.

요즘 일부 젊은 국악인들이 퓨전이라는 이름으로 벌이는 활동을 보노라면 가슴이 아프다. 그렇게 된 것은 국악을 사랑해 전공까지 하게 된 후배들이 전통을 올곧게 살려 활동할 수 있는 영역이 좁기 때문이다.

－현실적 해결책은 없는가.

학생들을 가르치다 보면 대학 졸업 이후의 문제가 심각하다는 걸 알게 된다. 그러나 원래의 우리 모습으로 나아가도 충분히 아름답다는 점을 잊지 말았으면 한다. 머리에 둘러쓰는 무선 마이크를 사용해 달라는 제의도 있었지만, 나는 거절한다.

한복과 도저히 맞지 않기 때문이다. 중요한 것은 원래의 것이 변형 없이 살아날 수 있는가 하는 점이다. 나는 나의 판소리 다섯 바탕을 그대로 살렸다. 거기 본래의 생명이 있기 때문이다. 판소리를 랩으로 변형한 「홍부가 기가 막혀」 식은 아니다.

안숙선은 …

"21세기형 창극 탄생 온힘… '고사리 귀명창' 키우기도"

안숙선 씨는 새 판소리의 꿈을 꾸고 있다. 고전과 현대물, 뮤지컬에 버금가는 대작과 정제된 소규모 무대 모두 고려 중이다. 「춘향전」이나 「심청전」에 버금가는 새 작품이 가능하다는 믿음이다. 그의 말을 빌리면 "21세기 한국인의 심금을 울릴 내용을 담은 창극"이 탄생의 날을 기다리고 있다.

때마침 논개의 고향 장수군의 논개선양회로부터 '창극 논개'를 짜 달라는 부탁이 왔다. 논개를 비장미 가득한 애국자가 아니라, 한국적 해학이 가득한 주인공으로 되살려 내는

다시, 길을 떠나다

일이다. 그는 이 일에 매달려 2시간짜리 작품으로 만들어 둔 상태다. '판소리의 멋을 제대로 알릴 최선의 수단은 창극'이라는 신념으로 한 일이다.

창작물 공연을 전제로 한 국악 전용관 문제도 같은 맥락이다. 그는 "전용관 건립은 후대 국악인에 대한 선배로서의 도리"라고 했다. 우리 자신의 본령을 어릴 적부터 친근히 만날 수 있는 장치가 있어야 한다는 것이다. "제일 중요한 것은 어릴 적부터 귀명창을 길러내는 일이에요."

유치원에서부터 우리 악기, 몸짓, 소리의 기본을 가르칠 수 있어야 한다는 것이다. 또 대중매체를 통해 우리 음악의 재미를 알리는 작업도 소중하다. "나이가 들면 자연히 좋아지는 게 우리 음악이죠."

그는 명창 박귀희 씨가 사재를 다 털어 기부, 국악예고 설립에 결정적 도움을 준 일을 상기시켰다. 요즘 국악계 원로들과 만나면 으레 국악 살리기가 단골 주제다. "이제는 구체적 방법을 생각해야 할 때입니다. 어려울 때일수록 마음을 한 데 모아야죠."

하나의 실례를 제시했다. 판소리의 눈대목(하이라이트)만 모은 공연이 좋은 예다. 1970년대 이후 박동진 씨가 주축이 된 판소리 완창 공연(7~8시간)에 힘이 실리다 보니, 도외시돼 온 눈대목 무대 형식을 이제 진지하게 생각해 보자는 제안이다.

전성기였던 30~40대 때에는 공연 한 번 하고 나면 귀명창들의 전화가 끊이지 않았다. "갓 쓴 시골 노인들이 무대 뒤까지 찾아와 '나이도 묵지 마라'며 이뻐했다"고 한다. 그 같은 기억이 여전히 그를 지탱시켜 주는 힘이다.

1949년생. 판소리 명창으로 제9회 대한민국 국회 대상 국악부문(2008)을 수상하였으며 현재 한국예술종합학교 전통예술원 성악과 교수로 재직 중이다.

"춤이 곧 삶이고 소통…
내 춤의 결론은 '한춤'
즉 한국의 몸짓이다"

춤꾼_ 이애주

1월의 관악산 자락, 중요무형문화재 제27호 이애주 승무전수소 발표회를 앞둔 이수생들이 춤사위를 다듬느라 여념이 없었다. 이애주(서울대 체육학과 교수) 씨가 7년 전 어린이집을 통째 고쳐 만든(그는 '리모델링'이란 말은 쓰지 말아달라고 당부했다) 집 마당에 드는 양광을 조명 삼아, 엷은 미소까지 지으며 추어 보이는 춤사위가 한국인들의 눈에 익다. 폭압적 정권이 젊은이들의 피를 탐하던 지난 시절, '시국춤' 또는 '바람맞이춤'이라고 불렸던 그의 몸짓이다.

이제 그는 그 춤에 "위지동이전에 기록된 바 수족상응의 형태"라며 본명을 찾아 주었다. 바로 승무의 기본 동작이다. 가사, 장삼 등을 두르니 흔히들 승무僧舞라 하지만 그는 대승적인 탈것의 춤, 즉 승무乘舞라는 말이 옳다고 한다.

강산이 변하긴 변했다. 지난 1996년 문화재로 지정된 그를 찾아 갔을 때 교수 연구실에서 내놓던 녹차가 이번에는 푹 고은 유기농 모과차로 바뀐 것은 기자의 감각이 느끼는 변화다. 근본적인 것은 좌향좌에서 우향우로 돌아앉은 세상을 응시하며, 그가 보다 심화·확대된 변화의 길을 가고 있다는 사실이다. 시대에 대한 본질적 성찰을 요청하고 있는 것이다.

–헤어 스타일이 펑크족으로 변했다.

방학 때면 짧게 잘라, 머리를 좀 쉬게 한다.

–이 집은 어떻게 꾸려 나가나.

문화재 전수금 100만 원에다 서울대 체육교육과 교수로 있으면서 받는 월급을 '찔러' 넣는다. 전에 있던 동네에서는 북소리 때문에 투서가 들어와 쫓겨나기도 했지만, 이렇게 와 보니 자연 속에 있다는 것만으로도 좋다.

–현재 문하생들은 몇 명인가.

이수자(전수자 혹은 전수 조교의 전 단계)가 12명이다. 전수 조교는 자질, 실력, 교육 기능 등을 보고 결정한다. 예전에는 스승이 했지만 이제는 국가 소관이 돼 버렸다.

–제2의 IMF를 건넜다. 이에 대한 소회는.

2008년 11월 국립국악원 예악당에서 중국, 일본의 대표적 전통 무용가들과 했던 '동북아 몸짓의 같음과 다름' 이 전부다. 나는 승무를 독춤으로 췄다. 공연계의 타격이 유독 크다. 빈곤한 무대를 겪고 나니 춤이란 단순한 동작이 아니라, 사회·경제와 맞물리는 예술 양식이라는 사실을 새삼 느꼈다.

–우리 춤의 기본 동작은.

삶의 몸짓이다. 위지동이전 중 '답지저앙(踏地低仰: 땅을 밟고 하늘을 우러르다)'에 수족상응(手足相應: 서로 조화되게 손과 발을 놀린다)한다는 말로 명료하게 표현돼 있다. 농경 사회에서의 일 동작이 곧 춤인 것이다. 몸에서 체득돼 생각과 정신으로 이어지는 연결선의 정점이다.

사실 1970년대 고구려의 춤무덤舞踊塚 그림을 영인본으로 보고" 내 승무 동작과 흡사해 깜짝 놀랐던 적이 있다. 이후 미술 사학자들과 고구려 연구회 활동도 하고, 중국에 가서 실제로 보기도 했다.

–우리 춤의 근본에 대해 학문적으로 탐색을 한 계기가 있었을텐데.

2007~2008년 한국정신과학학회 회장으로 있으면서 생명에 대해 진지하게 탐구할 기회를 가졌다. 김재수 KIST 책임연구원이 수석 부회장, 강명자 꽃마을한방병원 원장과 소광섭 서울대 천문학부 교수 등이 부회장, 우희종 서울대 수의학과 교수 등이 임원으로 있었다. 통합·융합을 화두로 해 변해가는 이 시대에 기, 생체, 전통, 잠재력의 가능성을 모색해 보자는 것이었다.

–얼른 와 닿지 않는 행보다.

춤꾼이 조선 초기 학자 김일부의 「정역(正易: 올바른 변화)」 운운하며 정신문화원 등지에서 강의하고 다니니 주목해 왔던가 보다. 그래서 10년 전 창립 4년차 되던 그 모임에서 초청 특강을 갖게 됐다. 우리 전통 놀이의 특성인 영가무도詠歌舞蹈를 풀어 '깊게 소리 내 읊다, 빨라지면 일어나니, 거기서 춤이 나온다'고 강의했다. 그것이 21세기 전 지구적 문제, 즉 환경 파괴, 지구 온난화, 테러와 전쟁, 첨단 질병 등의 문제 풀이로 연결된다는 내용이었다.

두어 달 후 다시 초청이 왔을 정도로 호응이 컸다. 이사회에서 나를 회장으로 추대한 계기였다 한다. 과학자들이 독차지해 오던 자리를 춤꾼에게 맡겼으니 대단한 의식의 전환인 셈이다. 춤 춘 지 55년째 되던 지난해, 그 같은 경험이 합해져 춤과 몸에 대한 생각이 선명하게 정리됐다.

—그래서 회장일까지 맡게 된 것인가.

이제 학문은 융합적 · 통합적 관점으로 나아가야 한다. 여성이라 더욱이 시대의 추이와 맞다는 판단이었던 모양이다. 사실 쟁쟁한 학자들 앞에서 특강을 하면서 나 자신도 많이 정리됐다. 특히 문화재로 지정되고 나서, 춤을 근원적 미의식으로까지 파고들어야 한다는 결심이 서게 됐다. 이후 내가 몸으로 통섭과 융합을 실천하고 있는 셈이다. 우리 춤을 하다 보니, 우리말과 글을 제대로 써야 춤이 바로 된다는 사실까지 깨닫게 됐다. 그 같은 인식은 역사적 현장에서 춤을 추며 자연스레 들었다.

-특히 기억나는 순간들을 꼽는다면.

일제 강점기의 '무용'이란 말밖에 없던 상황에서 '춤'이란 말을 처음 공식화한 1974년의 '제1회 이애주 춤판'이 먼저다. 춤과 당시로서는 쌍소리였던 판을 묶어 놨더니 무용계로부터 욕이 쏟아졌다. 1987년 서울대 아크로폴리스 집회에서 했던 '바람맞이'굿은 사회적으로 관심을 끌게 된 계기였다. 사실 그해 6월 소극장 연우무대에서 내 춤판 무대의 한 마당으로 선보이려 했는데, 후배 김민기(극단 학전 대표) · 김석만(서울시립극단장) 등이 내 춤판을 꾸미면서 '누님 이름으로 해야 선전이 된다'고 우기는 바람에 그 '이름을 못 냈다. 이후 이한열 · 박종철 등 민주화 운동의 희생자가 생길 때마다 가서, 수십 차례 '바람맞이'를 췄다.

-요즘 시국을 어떻게 보나.

소통이 막힌 상태다. 자기를 한없이 낮춰 비움으로 향해야 한다. 내면적 성찰이 너무 없다. 경제 대국이 됐지만 우리의 본질은 왜곡되고 망가졌지 않은가. 무대에 나가 하는 것만이 춤이 아니다. 공연은 춤의 일부일 뿐이다. 내 삶이 곧 춤이다.

-당신의 춤사위를 공개적 무대에서 볼 날은 언제인가.

춤은 무대 위의 동작만이 아니다. 말, 소리, 글로도 춘다. 바로 '정역'을 화두로 하는 '영가무도'의 세계다. 나는 지금 내 춤의 중대 변환점에 와 있다. 그 자료는 내 몸이다. 몸에서 체득되지 않으면 결코 정리될 수 없다. 그것은 곧 민중의 삶과 통합되는 것을 의미한다.

－민중이란 말은 이제 폐기되지 않았나.

사실 그것도 서구 용어(people)를 번역해 쓴 70년대 말인데, 나는 요즘도 가끔 쓴다.

－당신 춤의 결론은.

2006년 정신과학문화원에서 춤 인생 55년을 정리하며 강의했던 '한춤 (또는 한밝춤)', 즉 한국의 몸짓이다. '한'이란 높고, 크고, 깊고, 거대함을 뜻한다. 동시에 '하얗고 밝고 눈부시면서 검을 현顯'을 뜻하기도 한다. 한춤은 우리 모두 함께하는, 광대무변한 공동체의 춤으로 한국을 상징하는 한국 춤이다.

"승무전수소 운영, 한반도의 사방서 통일기원 춤 꿈꿔"

이애주 씨는 인간문화재 지정 이전이나 이후나, 사회와의 접촉 면적에는 변함이 없다. 문제는 이미지다. 운동권의 대모 같았던 지난 시절의 잔상이 현재의 그를 가리고 있다고나 할까.

경기 과천시 갈현동 이애주 승무전수소는 문화재로서의 그의 공식적 전승 공간이다. 그의 제자들은 1970년대 초부터 함께 공부해 오고 있는 일심동체의 사람들이다. 바로 그의 일부다.

2007년 6·10 민주화 항쟁 20주년 현장에서 시민들과 함께 췄던 걷기춤 등은 시민과의 소통을 위한 자리로, 한밝춤의 연장이었다. 동시에 우리 춤을 세계의 보편 언어로 승화시킨 사례였다.

"세계적 화두인 춤을 답지저앙의 지신밟기로 변화시킨 거죠." 그는 걷기를 춤으로 정제, 호응을 이끌어 낸 이 경험을 중시한다. 그것은 고구려 벽화 속 사신도의 춤사위를 21세기 삶의 동작으로 자연스럽게 연결짓는 작업이기도 했다. 종종 열리는 걷기 행사 때 대규모로 펼치는 등 앞으로 다양한 쓰임새를 엿본다.

그는 "터를 벌리고 있다"며 자기 춤의 현재를 규정했다. 독도, 한라, 백두 등 한반도 사방의 최전방에서 통일을 기원하며 추는 춤이 가능할 것이라는 기대다. "2000년 되자 밀레니엄이라며 난리 칠 때, 우리 터전의 총체적 확대를 상징하는 행사는 없었죠. 신문, TV, 방송사 등지를 통해 가늠하고 있어요. 현재 내가 추고 있는 춤은 우리의 염원을 담은 몸의 언어예요."

IMF 사태 당시보다 힘들다는 말이 도처에 자욱하다. 그는 추위에 언 기운을 훈기로 풀어내는, 이 시대의 살풀이가 필요하다고 했다. "액과 한을 버릴 건 버리고 본래 상태로 되돌리는 거예요."

그가 긍정하는 자본주의상은 이렇다. 공산주의·사회주의의 좋은 점을 융합한 자본주의가 돼야 한다. 그것은 곧 사회주의적 이상을 확산한 '우주적 사회주의'라는 말로 자신의 현재의 이념적 위상을 밝혔다. 미국서 촉발된 경제 위기와 관련, "가진 자들이 중심·기둥·줏대를 바로 세워야 한다"며 "정치·경제를 끌고 가는 분들이 잘해야 한다"고 지적했다.

1947년생. 중요무형문화재 제27호 승무 예능보유자이며, 현재 서울대 체육학과 교수로 재직 중이다.

"팔순된 지금도 전통문화 현장이면 어디든 달려간다"

사진작가_ **정범태**

사진작가 정범태 씨는 아직도 서너 대의 카메라를 메고, 전통문화의 현장이 있는 곳이면 어디든 달려간다.

한국의 사진작가 1세대로서 현역으로 뛰던 시절에는 끝까지 타협을 몰라 '독침'이라고까지 불렸던 그가 안착한 곳은 전통 예인들의 세계다. 최근 발간된 『한국춤 100년—2권』은 그의 카메라가 인간의 내면에까지 삼투했음을 알려준다.

1960년 고대생 피습 사건, 서울역 귀성객 압사 사건 특종사진 등 1960~1970년대 꽉 막힌 세상의 확대경으로서만 그를 기억하는 사람들도 적지 않다.

『정범태 사진집』은 그 같은 기억에 대한 집성이었다. 한국 보도사진의 대부로 불리는 그는 자신이 몸담았던 여러 신문사 중 『한국일보』 재직 시의 기억을 가장 아꼈다.

숨가쁜 역사의 현장에서 예인들로, 이제 그의 렌즈가 응시하는 피사체의 대상은 바뀌었다. 그렇지만 현장을 고집하는 자 특유의 건강성으로 그의 카메라는 발언을 멈추지 않는다.

『판소리』, 『경서도 명인 명창』, 『한국의 명무』, 『춤과 그 사람』(전10권), 『우리가 정말 알아야 할 예인 100사람』, 『한국춤 100년』 등의 사진집은 생동감 넘치는 글과 함께 젊은이들을 무색케 한다.

－대단한 근력이다. 일상은 어떠한지.

2~3시에 잠자리에 들어 5시면 일어난다. 운동도, 보약도 않는다. 가진
게 없으니 관리하는 데 신경 안 쓴다. 아는 게 없는 못난 놈이기 때문에
잘난 척을 안 한다.

－최근 당신에 대한 관심이 다시 일었다.

나이 80이 되니 사진집도 내주고, 국립현대미술관에서는 내 작품 25점
을 구매해 갔다. 국내 사진가로서 그곳에 작품이 소장된 사람은 내가 10
번째라 한다. 정기 · 특별 전람회도 매년 개최하겠다고 약속했다.

또 영월군 동강사진박물관에서 내 사진을 15점 소장, 연 한 차례 전시
한다. 요즘은 무대 사진에 집중하고 있다. 『춤』지에 글도 기고하면서, 현
장이 있을 때마다 지방에 내려간다. 특히, 명인 · 명창 사진 찍기는 하루
도 거르는 법 없다. 이제 막연하게 예술사진 찍는다는 그런 짓은 하지 않
고, 내 작업의 일환으로 해 나가고 있다.

－우리 고유 문화에 대한 관심은 어떻게 시작됐나.

나는 1946년부터 사진을 찍기 시작했다. 1950년대 신선회新線會 활동을
기점으로 우리나라 리얼리즘 사진의 길을 열었는데, 맨 처음 찍은 게 춤
사진이었다. 인왕산 국사당의 적설이(무당)에서 출발, 서울 장안의 내로라

하는 판소리, 국악, 춤 등의 명인 줄잡아 100명의 사진을 찍고 기록했다.

특히 승무 인간문화재 이애주 씨는 초등학교 시절, 엄마 손 잡고 춤 배울 때부터 아는 사이다. 그 인연은 2008년 11월 '한·중·일의 몸짓' 무대까지 이어졌다. 나는 춤과 음악을 분석한 뒤, 사진을 찍는다.

-한국적인 것에 바탕을 둬야 한다는 생각은 어떻게 생겨났나.

6·25 때 피난 가 있던 부산에서 여성국극단의 사진을 찍어주고 있다가 징집됐다. 공병반의 임무를 사진으로 기록하려 중공군 작전권까지 들어갔다가 몇 번이나 죽을 고비를 넘기며 밀려 내려왔다. 다시 남원에서 지리산 공비 토벌 작전 중이던 백선엽 사령부의 문관 자격으로 사진 촬영을 했는데, 그 일대 명인·명창들을 일단 카메라로 기록하기 시작했다.

-특별한 소명의식이 있었던 듯한데.

1910년 이후 모든 것이 일본에 예속된 상태에서, 일본의 기생교육기관 (권번)으로 우리 전통문화가 유출되고 있었다는 사실을 알고 위협감을 느꼈다. 리얼리즘에의 확신은 신선회 시절 이후 일관된 것이다. 나는 일반 회원으로 입회, 사람을 주요 피사체로 하는 리얼리즘 작업을 계속해 나가다 보니 자연스레 사진기자의 꿈을 갖게 됐다.

동아백화점(현 신세계백화점)에서 열렸던 1회전을 주도했는데, 경치에 치중하던 기성 작가들은 사람을 위주로 한 내 작업을 못마땅해 했다. 그러나 얼마 안 있어 미국대사관 주최로 사람을 주제로 한 '세계 인간 가족'전이 열리면서, 나는 '앞서가는 사진작가'라는 평을 얻게 됐다.

−그런데 실제 명성은 신문기자로서 얻지 않았나.

신문 사진이 곧 리얼리즘 사진일 것이라고 착각한 나는 명동 뒷골목에서 『아사히신문』이 발행한 사진실기 책으로 공부, 신문사에 들어갔다. 1955년 내가 치렀던 시험은 한국 최초로 사진기자를 뽑는 공식 전형이었는데 이후 서울역 귀성객 압사 사건, 고대생 피습 사건 등 특종을 하며 나는 잘 성장해 가고 있었다. 신문기자로서의 대표작 두 편이 그때 나왔다.

−신문사를 많이 옮겼는데.

당시 나는 젊은 혈기로, '독침'이라 불릴 만큼 성깔이 대단했다. 그런데 당시 이니셜도 안 나가던 사진기자가 편집국장과 충돌하고 보니 그 조직에 있을 마음이 사라졌다. 내 성질을 못 이겼던 것이다.

사진 특종에는 두 가지가 있다. 첫째 죽는 한이 있어도 찍어야겠다는 결심으로 얻은 사진, 둘째 잔머리 굴려 찍은 사진이다. 대판 싸우고 나왔던 그 신문사는 훗날 내게 사진부장직을 제의해 왔다. 내가 거부하자 이제는 발령이라며 붙잡는 데는 별 수 없었다. 3년 일했다.

-기자로서 기억나는 일은.

1961년 『한국일보』로 옮겨 열심히 일했다. 이듬해 4월 전등사 필화 사건을 사회면 톱으로 실었는데, 반공법 위반으로 실형 2년에 처해졌다. 그 안에서 1년 동안 몇 년에 맞먹는 공부를 했다.

재무장관, 미 CIA 장교, 언론사 간부 등 서대문형무소에서 다 만났다. 그곳의 운동 시간은 세상 공부 시간이었다. 나와서 『주간한국』 창간 멤버로 1년 일했다. 이후 『한국일보』 등에서 사진기자 일을 계속하다 1986년 아시안게임 때 정년을 맞았다.

-사진기자로서의 세월을 요약한다면.

통산 40년 6개월 사진기자로 뛰었다. 데스크는 하지 않고 현장에서만 뛰었던 세월로, 한국서는 전례 없던 일이다. 돌이켜 생각해 보면 리얼리즘 사진을 신문 사진으로 착각했던 것이다. 사진작가로서의 작업은 주관이 강하나, 신문은 100% 객관을 요구하는 것이다.

-스스로의 사진예술관을 말한다면.

시인, 작곡가가 영감이 떠오를 때 창작을 하듯 사진 역시 사물로부터 받은 느낌을 그대로 형상화하는 것이다. 순간의 포착을 위해 나는 내가 머릿속에 그린 것과 유사한 자리를, 몇 년이고 가서 기다린다. 흔히 사진과 그림 등의 제목으로 쓰이는 '무제'는 무책임의 극치다.

『정범태 사진집』

나는 먼저 제목을 떠올리고 현장에 가서 끈질기게 관찰하고 그것을 형상화한다. 고발의 형식으로 시작해, 당대의 사회상을 담는다. 그리고 사진작가는 사람들과 친숙해져서 사람들을 흥겹게 하고 감화시켜야 한다.

─후학들에게 당부하고 싶은 것은.

특강 형식으로 상명대, 한양대, 용인대 등지에서 후배들과 만난다. 엊그제 대학원생 30여 명한테 두어 시간 했던 강의에서는 '역사성과 시대성을 제외하면 별것 없다'는 요지의 말을 들려주었다. 혹시 신문사 들어가 일하게 되면 잔머리 굴리지 말고 사진 찍어야 역사와 사회가 바뀐다는 말도 했다.

실험적으로 배운 것들을 자기 것인 양 발표하는 해외 유학파들의 사진을 보면, 좀 더 정직했으면 하는 바람을 갖게 된다. 사진 교육은 아직 사대주의를 못 벗어났다. 우리나라 교육에 아무 도움 안 되는 서양 지식의 주입이기 일쑤다.

−주목할 만한 후배가 있나.

아직 안 보인다. 사진의 본질을 망각한 채 사대주의로만 흐르고 있다.
우리 것에 대한 무관심도 큰 문제다.

"藝人사진은 표정이 아니라 장단의 음양 들으며 찍는다"

"63년을 자나 깨나 우리 춤 연구했는데, 그런 것 안 보이면 병신이죠."
국악을 오래 들으면 '귀명창'이 된다. 정범태 씨가 바로 귀명창이다. KBS1 FM에서 '흥겨운 한마당'을 1년 동안 진행했고, 국립극장 소식지 『미르』에 판소리, 음악, 명창 등을 주제로 읽을거리를 연재한 세월이 3년이다. 그는 "옛 노트 정리한 것만 해도 앞으로 쓸 거리가 무궁무진하다"고 했다.

박정현, 송범 등 1~2년 사이 죽은 명인들의 뒤치다꺼리가 자신의 몫이라 믿는다. 『한국 명인 명창』, 『경서도 명인 명창』, 『춤과 그 사람』 등 정씨의 저작은 살아있는 사진과 맛깔나는 글로 그의 존재를 굳건히 했다. 공옥진의 병신춤을 '해학춤'이라 이름을 바꾼 것도, 춤의 순 한글 용어인 '지숨'을 발굴한 것도 그다.

그의 예인 사진은 밀도 깊은 사진이란 어떤 것인지를 보여 준다. 그는 "나는 사진 찍을 때 표정이 아니라, 장단의 음양과 음악을 들으며 찍는다"며 예인 사진촬영의 비법을 전했다. 그의 사진에서 표정 너머로 음악이 들리고, 혼이 느껴지는 이유다.

학계의 오만도 숱하게 보았다. "속악 쪽의 기록이란 거의 전무해요. 학자들이 내세우는 근거는 당시 신문 기사가 전부인데, 다 꿰고 있는 것처럼 말하다니 참 뻔뻔하구나 생각도 하죠." 사실 그는 기록의 보고다.

최근 민속박물관의 세미나 '임방울류 정철호의 적벽가 전수'에 초청됐던 일은 그 자신의 전문성 덕이다. "임방울이 실제 창하는 사진을 갖고 있는 사람은 내가 유일하거든요." 1955년의 창경원 공연 장면이다.

그는 소리, 음악, 춤 등의 달인 50여 명을 잡아 『아시아를 움직인 광대』를 기획 중이다. 지금은 선정 작업 중인데, 이광수, 안숙선, 이춘희, 원장현 등의 자료를 정리하고 있나. 정인숙, 강은수, 김영수 등 젊은 사진가들과의 소통도 계속해 나가고 있다.

1928년생. 사진작가로 화관문화훈장(2006), 제27, 29회 한국기자상을 수상하였으며 현재 풍류방 대표이다.

"한국인의 어수룩함과 무던함, 우리 화강석만이 표현할 수 있어"

조각가_ 전뢰진

조각가 전뢰진(홍익대 미대 명예교수) 씨의 지하 작업실은 과거로 가는 타임머신이다. 어설픈 연탄난로에서는 매캐한 가스 냄새가 코를 찌르고, 찌지직대는 트랜지스터 라디오는 바깥 소식을 열심히 실어나른다.

복고 코드는 그의 작업 도구에만 적용되는 게 아니다. 그는 도로공사에 쓰는 착암기로 돌에 구멍을 뚫고, 정으로 쪼아가며 모양을 다듬는다.

머리에는 보호대를, 얼굴에는 돌가루 방지용 안경을 쓴다. 렌즈는 작업 중 금이 가 굵은 줄이 나 있다. 그나마 돌 가르는 톱, 콤프레서 등이 문명의 이기일 뿐이다.

그는 전북 익산에서 실어온 0.5톤짜리 대리석 원석을 상대로 4개월째 씨름 중이다. 삶의 버거움에 휘둘려 극단의 선택을 하는 사람들이 낯설지 않은 요즘, 이 돌 조각가는 일상의 소중함을 일깨워 주었다.

다시, 길을 떠나다

─이번에도 모자상인가.

그렇다. 아들과 딸, 두 명의 아이와 어머니를 중심으로, 음악 부호를 포도 넝쿨에 걸쳐 분위기를 살렸다. 배경은 아예 구멍을 뚫어(透刻·투각) 처리했다.

「낙원 가족」 또는 「선경仙境 가족」이라는 가제를 붙였는데, 남녀 조각상 「유영遊泳」과 함께하면 잘 어울릴 작품이다. 모처럼 갖는 신작 전시회라 기대가 크다. 아직까지는 실수로 떨어져나간 파편이 없으니, 순조로운 출발이다.

─부산 태종대 벼랑의 '자살바위'에 세운 작품 역시 「모자상」 아닌가.

1975년 당시 부산시장이 홍익대 건축자문위원에게 '자살이 많아 걱정'이라고 털어놓았다. 나의 「모자상」을 추천받은 부산시가 간곡히 부탁했다. 당시 집이 좁아 마루를 뜯어 4개월 동안 작업했다.

이후 자살 기도자들의 에피소드가 속출했다. 한 사람이 '(조각을 보니) 어머니 생각나 못 죽겠다'며 지서에 가서 사실대로 말하고 여비를 얻어간 게 처음이다. 이후 자살 생각을 거두고 감사의 뜻으로 주소를 남겨놓고 간 여자 등이 계속 이어졌다.

나는 하던 대로 「모자상」을 만든 것인데 결과적으로 자살을 방지한 셈이다. 당시 언론은 한 해 30명에 달하던 자살자를 없앤 공신이라며 추켜세우기도 하더라.

「모자상」

－살기 힘들다고 자살까지 하는 세태를 어떻게 보나.

일순간의 생각으로 자기 운명을 결정짓는 행위일 뿐이다. 사람은 최대한 살아봐야 한다.

－국산 대리석만 쓰는데.

당시도 익산 대리석이었다. 나는 연마 과정을 거쳐야 하는 외국 대리석은 안 쓴다. 연마하지 않는 대신, 은은한 빛이 감도는 익산의 대리석을 애용한다.

다시, 길을 떠나다

—40여 년 일관된 주제와 기법을 추구해 왔다. 작품 소재는 어떻게 찾나.

자다가, 산보하다가, 버스 타고 가다, 아이디어가 떠오르는 대로 스케치해 둔다. 그 다음, 돌에 맞는 스케치를 선별한다. 어린이, 토끼, 아이 젖먹이는 엄마, 기차 타고 가다 조는 노인, 빨래 거는 모습 같은 것들이 그 내용이다.

나의 예술은 일상에 대한 철저한 긍정의 결과다. 오늘 새벽에 밖으로 나가다 보니 달이 송편처럼 건물에 걸려 있길래 '옥상에 걸린 송편'이라고 메모해 뒀다. 이런 감정이 조각으로 어떻게 승화될 수 있을까 하는 숙제거리를 하나 얻은 셈이다. 자신의 감정을 제3자에게까지 확산시키는 작업이 예술이다.

—돌조각이라는 힘든 작업을 자신의 과제로 택하게 된 것은.

26살(대학 3학년) 때 반도호텔 분수를 제작하면서 정이나 망치 쓰는 법을 처음으로 석공한테서 배웠다. 이후 굴러다니던 대리석 조각을 다듬어 미술협회 선람회에 냈더니, 이승만 대통령이 아이젠하워 미국 대통령 방문 시 선물용으로 갖고 가면서 알려지게 됐다. 곧 경무대에 내 작품이 전시됐고, 당시 미 국무성은 나에 대한 신원조회까지 하는 등 무지 신경 쓰더라. 그런 사정을 알게 된 주위로부터 '돌조각만 하라'는 권유가 쏟아졌다. 나도 흔쾌히 수락했다.

－일반과의 괴리가 심한 현대 예술은 어떻게 보는가.

예술의 관건은 자신의 감정을 제3자도 느낄 수 있느냐 하는 것이다. 타인과의 소통은 배움에 앞선다. 진정한 예술이라면 특별한 장치 없이 절로 이뤄지는 소통 행위를 궁극으로 삼아야 한다. 의식의 개입 없이, 만들어 가다 보니 저절로 그렇게 되는 것이 좋은 것이다.

－최근 상복이 터졌다.

2008년 한국미술협회가 주는 '올해의 미술인상' 특별상, '자랑스러운 홍대인' 상 등을 잇달아 받았다. 올해의 미술인상은 제자들 많이 기르고 작품활동도 계속하고 있다며 주더라. 그런데 홍익대에서 주는 상은 구체적이었다. 돌 작품에만 집중, 홍익대 출신으로는 최초로 예술원 회원이 됐다는 이유다. 홍익조각회 신년교례회에서 수상 결정 사실을 연락받았는데, 내게는 과분하다는 생각이다. 고맙지만 젊은 사람에게 돌아갔더라면 더 좋았을 것이라고 생각한다.

－자신을 '적극적으로' 평가해 달라.

그게 안 된다. 천성인가 보다(웃음). 제자들도 '선생님이 너무 겸손하시니, 우리까지 기 죽는다'고들 한다. 옛날 나더러 홍대 학장 해달라는 권유가 온 적 있는데 사양했다. 학생은 모르겠는데 선생 다스리는 건 정말 못 한다.

아니 하고 싶지 않다고 고사했다. 그랬으니 이제껏 살아왔구나, 하는 생각도 든다. 식구들은 나더러 항상 답답하다고 말한다. 무시하면 무시당하지, 뭐. 그게 마음 편하다. 천성이다.

―돌조각이 갈수록 낯설어져 가는데.

미술계에서는 돌조각을 탐탁지 않게 생각한다. 긴 제작 과정, 난이도 때문에 젊은 학생들은 무턱대고 기피한다. 그러나 돌 작품만이 갖는 매력이 있다. 오래 가고 일체의 산화, 부식도 없다. 특히, 한국 화강석의 영구성에는 깊은 매력이 있다.

한국인의 어수룩함, 무던함 등을 가장 정확히 표현할 수 있는 소재다. 요즘은 조각이라 해놓고, 플라스틱이나 철판을 소재로 한 것들이 많은 현실이다. 그러나 플라스틱 같은 소재가 아무리 새로 나온들 돌조각의 개성을 따라잡을 수는 없다. 그것을 하고 싶어서 하니 나는 얼마나 복된가.

―돌조각의 전망은 어떻게 보나.

힘들기만 한 돌조각을 왜 하느냐, 노력에 비해 대가 적다며 꺼리는 교수들이 있다. 그렇지만 오히려 그래서 더 쓸모 있다. 적어도 돌조각을 하면 하다못해 막일도 능히 할 수 있는 자신감이 생긴다.

－건강을 유지하는 비결은.

규칙적인 생활을 한다. 매일 새벽 5시 30분 기상, 산보, 6시 샤워, 세 차례(오전 7~8시, 오전 10시 30분~오후 1시 30분, 오후 4~5시) 작업을 이어 오고 있다. 나는 앉아 있을 수 없다. 돌 작업이란 한꺼번에 못 하는 법이다. 매일매일 조금씩이라도 해야 한다. 행여 쉬면 다음 작업 때 훨씬 더 피곤해진다.

전뢰진은 …

"따스함 감도는 돌조각, 세상에 보인 것에 보람"

그의 돌조각은 무심히 세상을 쳐다본다. 사람들은 모르고 지나치기 일쑤다. 삼성동 무역회관의 「선경仙境 가족」, 명동 입구 외환은행의 「낙원 가족」, 남산터널 입구의 「독수리 탑」. 서울에 세워져 있는 그의 작품들이다. 한양대 본관 앞을 지키고 있는 돌사자상 역시 그의 작품이다. 포효하는 사자의 이빨에 눈독을 들인 학생들의 성화 때문에 이빨만 뗐다 붙이는 수난은 지금도 계속되고 있다. 신산한 한국 현대사를 견뎌 온 그의 세월은 돌의 표정을 닮았다. "단기 4282년(서기 1949년: 그는 단기를 고집했다) 서울대 미술대 도안과에 입학했는데, 등록금 내자 6·25가 터졌어요. 수복 후 서울대 갔다가 홍익대로 편입해 조각의 길로 들어선 거죠." 하필이면 시대에 뒤처지는 석조의 현재적 의미를 묻는 질문에 대한 그의 답은 이런 식이다. "작품이 솔솔 나가니, 재료값은 나와요."

요즘 세태도 그에게는 충분히 이해가 간다. "돌조각은 복제는 아예 안 되고 완성에 시간이 너무 걸리고 깨지면 망치니 요즘 학생들은 아예 안 하려 들죠." 그러나 그는 자신과 돌의 인연은 '운명적 필연'이라고 본다. "몸도 약한 데다 남하고 경쟁 안 해도 되니, 돌을 택한 데 감사드립니다."

그의 인간관계는 질박하다. 교수 시절 제자들과 두터운 친교를 맺기로도 유명했다. 지금은 어엿한 조소과 교수이면서 정초 때 세배를 거르지 않는 고정수, 강관욱, 한진섭, 김성복 씨 등과의 관계는 사제지간 이상이다. 또 하나 빼놓을 수 없는 것이 석공들과의 교분이다. 돌을 직접 가공하는 사람들과의 공동작업이 필연적인 일의 특성상, 그들과의 원만한 관계를 빠뜨릴 수 없다. 그들이 어울려 "얻어먹으러 왔습니다" 하고 들이닥치면 별 수 없다. 그가 그런 석공들과 함께 세계 석공예대회에서 10연패를 이끌어 낸 힘이 거기서 나온다. 미술계에 있지만 그가 철탑, 석탑산업훈장 등 기능인에게 주는 상을 수상한 이유이기도 하다.

"따스한 돌조각을 세상 사람들에게 보였다는 점, 자살을 막았다는 점이겠죠." 그가 꼽는 자신의 업적이다.

1929년생. 조각가로 국전에 추천(1961)을 받았으며, 월간 『미술세계』 선정 제2회 미술세계상을 수상하였다. 현재 홍익대 명예 교수이다.

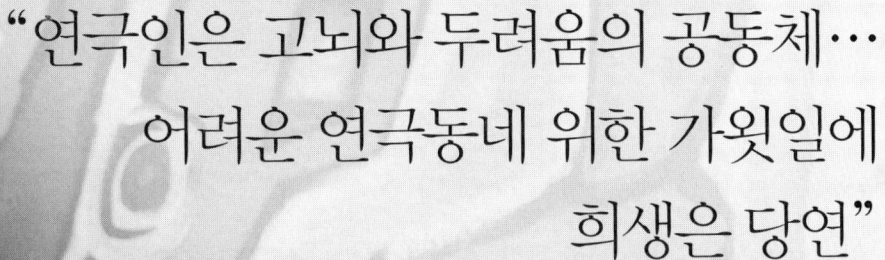

"연극인은 고뇌와 두려움의 공동체…
어려운 연극동네 위한 가욋일에
희생은 당연"

연극배우_ 박정자

눈가에 주름이 자글자글하다. 「브람스를 좋아하세요」 포스터의 박정자 씨는 육순의 얼굴을 그대로 드러내고 있다. 새(新) 무대는 언제나 날(生)것이다. 그 긴장감의 힘이 그를 거듭나게 한다.

그는 연극배우이면서 사단법인 한국연극인복지재단 이사장이다. "연극 아닌 다른 일 하며 연극에 미친 열정을 바쳤으면 빵 문제는 걱정 안 했을 것"이라 생각하면서도 무대 밖의 역할을 떨쳐버리지 못한다. 자신의 이미지를 믿고 일을 맡긴 사람들을 저버릴 수 없다는 마음 때문이다. 국립박물관문화재단 이사, 광주아시아문화중심도시위원회 위원, 의정부예술의전당 이사, 공예진흥원 이사 등 가외의 일을 "내 공부하는 마음으로" 받아들이며 어른으로서의 소임을 마다않는 그가 이사장 일까지 맡아 동료와 후배를 위해 팔을 걷어붙였다. 경제난의 시대, 연극배우들은 유독 춥다는 사실을 잘 알기 때문이다.

연극인 복지를 위해, 또 공연을 앞둔 배우로, 여념 없는 그의 시간을 빼앗았다. "올해의 첫 단추를 제대로 꿨는지 생각하면, 머리에 쥐가 나려고 한다"는 말이 엄살 아니었다. 인터뷰 중 그에게 광고 출연이 가능한지를 묻는 전화가 걸려 왔다. 부드럽게 거절한다. "광고 출연은 경제적으로 도움이 크지만, 나를 소모하는 일이죠." 그렇게 살아왔다. 그는 "연극인은 고뇌와 두려움의 공동체"라고도 했다.

다시, 길을 떠나다

―머리에 쥐가 난다니.

「브람스를 좋아하세요」와 산울림 40주년 기념공연 무대에 올릴 「엄마는 오십에 바다를 발견했다」, 연극인복지재단 업무 등 큰 일이 한꺼번에 닥쳐서다. 1991년 초연한 「엄마는 오십에 바다를 발견했다」는 딸 역할을 바꾸며 계속해 왔다. 딸을 안 바꾸면 내가 긴장이 안 돼서 못한다. 그것 말고도 작품들이 계속 들어온다.

―연극인들은 예술계의, 이를테면 무산자 계급이다. 그들의 복지를 위해 만든 사단법인 한국연극인복지재단의 이사장으로 4년째 일하고 있는데.

원래 서울연극협회가 생기고 첫 회장으로 채승훈 씨가 나서며 공약으로 내건 단체다. 당선되고 나서 먼저 나를 찾아와 맡아달라고 부탁했다. 내 체질에 안 맞아 머뭇거리니, 라이벌이면서 동료이고 의지처인 윤석화가 '모든 후배가 바란다'며 강권했다.

씨름 끝에 내가 졌다. 나는 '복지'라는 말이 거북스러워 사양한 것이다. 그러나 내가 연극을 통해 얻은 게 너무 많다는 생각이 들었다. 적어도 박정자라는 이름 석 자는 연극배우로서 얻은 게 아닌가. 내가 연극에 힘이 될 수 있다면 희생이 따르더라도 그래야 한다는 결심이 섰다. 재단의 통장은 나의 팬클럽인 꽃봉지회의 이름으로 1,000만 원을 입금시켜 만들었다.

-평소 그 문제에 관심이 있지 않았나.

모두가 막연히 어렵다고만 생각한 문제였다. 그러나 연극 아닌 다른 일 하며 연극에 미쳐 지낸 그 정열을 바쳤으면 적어도 빵 문제는 걱정하지 않았을 것이라는 생각이 들자 우리의 열악한 현실을 생각하지 않을 수 없었다.

나는 남편 밥 얻어먹으며 적어도 끼니 걱정은 해 본 적 없다. 경제적 부가 가치와 뗄 수 없는 대중 스타가 아닌, 연극배우의 길만을 고집할 수 있었던 이유이기도 하다.

-당시 외부의 도움도 많이 받았다던데.

정동채 전 문화관광부 장관을 직접 찾아가서 1억 원을 기금으로 확보했고, 다음 문화부장관이 된 김명곤 씨도 찾아가 1억 원을 확보했다. 정동영 당시 통일부장관은 한 달치 월급을 희사하기도 했다. 고대연극회의 기념무대였던 「당나귀 그림자 재판」에 카메오로 출연한 20여 명의 인사들도 모두 재단에 성금을 기탁했다.

2007년 예술의 전당에서 펼친 「무대에서 세상으로」 등의 자리를 통해 홍보와 회원 확보에 힘썼다. 임영웅(극단 산울림 대표), 이병복(극단 자유 대표), 투병 중인 원로배우 김동원 선생 등 연극계 대선배들 덕분에 복지재단은 현재 10억여 원의 기금을 확보했다. 현대중공업이 두 차례에 걸쳐 가장 크게 지원을 했다. 삼성문화재단의 도움도 크다. 홍보 효과도 대단했다.

–가난한 연극인들은 마치 뒷전에 있는 심정이었겠다.

'1% 운동'이 그래서 시작됐다. 연극을 통해 수입이 생기면 그 1%를 재단으로 기부하는 것으로, 현재 전체 연극인 중 1% 정도가 이 운동에 참여하는 것으로 추측된다. 이를 두고 임영웅 선생은 '피 팔러 갔더니, 피 더 빼라는 격'이라고 농담 했다. 내 경우는 복지재단 기부금, 여성해비타트운동 본부에 내는 기부금 등을 합쳐 한 달에 12만 원이 자동 이체된다.

–연극인들의 실생활은 어떤가.

연극인들은 의료보험조차 엄두도 못 내는 실정이다. 예술인사회보장법과 예술인실업급여는 허울만 좋을 뿐, 그들이 나라로부터 받는 혜택은 아무것도 없다. 연극인들의 한 달 평균 수입이 23만 8,000원으로 보도되기도 했는데, 그것도 그나마 일이 있을 때다.

–한국 연극 100주년이던 2008년 12월에는 '예술인복지법 제정 대토론회' 도 열렸는데.

예술인 중 생활고에 가장 시달리는 연극인을 중심으로 해 복지 문제를 토론하고 사회적으로 알려가면서 개선책을 모색하자는 취지였다. 국회

문광위 소속 정병국 의원, 연극계 후배이기도 한 김을동 의원 등이 참가해 연극인의 실태를 조사 발표했다. 당시 최대의 현안은 의료보험 수혜 문제를 비롯, 4대 보험과 예술인 공제 제도 등이었다. 논의에 물꼬를 튼 셈이다.

−현재 중점 사업은.

투병 중인 연극인들에게 심사를 거쳐 1인당 100만 원 정도의 의료비를 지원하고 있다. 30여 명이 혜택을 받았다. 지원금을 받고 당사자, 특히 가족들이 놀라는 모습이 눈에 선하다. 정신병 치료에 집중해온 사이코드라마를 확대한 '치유 드라마' 활동도 본격화할 생각이다.

인터넷, 대학로 포스터 등을 통해 관련 인재를 찾는다는 광고를 보고 젊은이들이 속속 동참하고 있다. 희망자에게는 1주일에 3회, 20명이 6개월 동안 강도 높은 무료 교육을 시키고 있다. 한 달에 교통비조로 50만 원을 지급한다. 교육 내용이 현장 아르바이트로 이어지도록 하는 데도 역점을 둔다.

−향후 주력 사업은.

시험에 응하는 연극인들 중에는 너무 생활이 어려워 온 사람도 적지 않다. 그들에게 현실적으로 큰 도움을 줄 수 있겠다는 확신이 생겼다. 예술

「19 그리고 80」

인복지법 제정을 위해 끊임없이 투쟁할 생각이다. 우리를 보고 최근 무용계에서도 의료보험, 사회와의 연계 등의 문제와 관련해 '전문 무용수 지원 센터'를 만드는 등 유사한 움직임이 일고 있다.

–현실적 걸림돌이라면.

우리가 법을 너무 모른다는 게 가장 크다. 눈만 뜨면 문화, 문화 외쳐놓고 정작 당사자인 예술인들은 도외시하는 헛구호만 날리는 당국의 타성을 바로잡아야 한다. 예술인 중 0.0000001%만이 부를 누리는 현실에서 무엇이 문화이고 또 무엇이 아닌지 혼란스럽다.

－「나이트 마더」를 당신의 최고의 무대로 기억하는 사람들이 적지 않다. 혹시 재공연 계획은 없나.

안 한다. 「신의 아그네스」와 함께 너무 사랑하는 작품이지만 지금 하면 그만큼 못한다. 당시 너무너무 잘했다. 그 작품은 너무나 나를 울리고 고통스럽게 했다.

박정자는 …

"팔십 살까지 해야 할 연극 「19 그리고 80」이 있으니 팔십 살이 기다려진다"

"모든 게 경제 논리로만 가는 지금 세상을 연극은 일단 뒷전이다. 좋은 연기를 보여 주는 후배가 너무 좋아 눈물이 다 난다." 그는 한국에서 연극배우로 살아간다는 것을 가장 '폼 나게' 입증하는 배우일 것이다.

그가 "(배우협회 이사장이지만) 나는 내가 어른이라고 생각해 본 적 없다"고 했을 때, 그것은 희떠운 소리가 아니다. 그는 극단 자유와 산울림을 납렵히 오가는 '여배우 박정자'다. 연희자에게 언필칭 최대한의 자유를 보장하는 극단 자유와 엄정한 연출력이 절대적 비중을 차지하는 극단 산울림이라는, 언뜻 물과 기름의 관계일 것 같은 두 극단을 마음대로 오간 그다. 그는 그 두 가지를 '변증법적으로 통합' 할 운명이었던가.

극단 자유 대표 이병복 씨가 산울림 대표 임영웅 씨에게 남긴 명언이 있다. "박정자를 여자로 만들어줘서 고맙다." 스스로 인정한다. "자유에서는 나의 개성이 강하게 표출되는 배역을 못 했다는 아쉬움을, 산울림의 「위기의 여자」로 풀었다"는 말로. "요즘처럼 (이념적) 진영과 (상업적) 소속이 분명한 시대라면 도저히 불가능했을 것"이란 진술에는 지나간 시대에 대한 그리움이 짙게 배어 있다.

그러나 추억에 잠길 틈 없는 현역이기도 하다. 새 무대의 끊이지 않는 부름 때문만은 아니다. 2003년 초연한 「19 그리고 80」과 함께 그는 세월을 먹어 가기로 작정했기 때문이다. "박정자라는 '브랜드 가치'—생경할 수도 있을 이 말을 그는 올차게 발음했다—를, 이 작품을 통해 실현시키고자 하는 거예요." 동시에 작은 바람이 하나 있다. "초연 무대를 본 관객들이 계속 그 버전업의 증인이 돼 주십사" 하는 것이다. 자신만만하다. "80이란 꽉 찬 나이가 나를 응원하잖아요?" "그때쯤이면 배우로서 인간으로서 나는 과연 어떤 모습일까, 참 궁금하다."

1942년생. 연극배우로 보관문화훈장을 받았으며 극단 자유 소속이다.

"나는 철저한 실증주의자,
우리 영기靈氣문양 비밀 풀어…
세계미술사 변혁 올 것"

미술사학자_ 강우방

책 『낭만적인 고고학 산책』, 영화 「인디아나 존스」, 최근의 TV 드라마 「밤이면 밤마다」
까지, 일반인에게 고고학이란 낭만과 거의 동의어이다. 그러나 그 속내는 흔적뿐인 유
물들과의 지루한 싸움이며 언론 등 세간의 호기심과 벌이는 신경전이다.

국립경주박물관 관장 등 고미술 관련 공무원 생활 29년, 이화여대 교수 7년을 지낸 고
고학자 강우방 씨는 2003년 이화여대 후문 쪽에 일향한국미술사연구원을 만들어 제2
의 '올인'을 선언했다.

봉원사 아래에 있는 그의 일향한국미술사연구원에는 섬유예술, 조각 등을 전공한 교
수나 작가들이 벌이는 토론의 열기가 대학 강의실을 뺨친다. 바깥에서의 강의 역시 그
의 중요한 일상이다. 2009년 2월 국립중앙박물관에서 도자기 연구와 불상에 대한 강
의를 한 차례씩 했다.

그는 요즘 자신의 '일생일대의 퍼즐 풀이'라고 말한, 즉 한국과 세계 고미술품의 영기
문靈氣紋 해석에 세월을 잊고 산다. "세계 미술사를 다시 쓰게 할 발견"이라고 자신하고
있다. 2008년 출간한 『한국 미술의 탄생』(솔)은 칠순을 바라보는 노학자가 세상에 던지
는 도전장이다.

다시, 길을 떠나다

－일상은 어떤가.

매일 연구원에 나와 공부를 한다. 직물·복식의 문양, 궁궐 건축에 관한 강의 등 최근에 가졌던 강의가 그래서 가능했다. 문 연 지 5년을 막 넘긴 이곳에서 『한국 미술의 탄생』과 관련한 강의와 토론을 한다. 기존 학계의 통설과는 전혀 다른 해석이라 녹취해서 적절한 때 공개할 생각이다.

－숭례문 화재도 잊혀 간다.

조상의 선견지명이 새삼 놀랍다. 숭례문 지붕 끝에 날렵하게 올라간 치미鴟尾는 우리 조상에게는 용을 상징하는 것인데 '올빼미 꼬리'라고 하는 사람은 중국인들의 오해를 답습하는 것이다. 거기에는 목조 건물 최대의 약점인 불을, 물을 상징하는 용으로 막는다는 의미가 담겨 있다.

우리의 건축은 노장사상이 반영된 소우주다. 유교는 도교를 괴력난신을 부추긴다며 부정했는데, 우리의 건축·그림은 도가사상을 모르면 이해 되지 않는다. 숭례문의 상징체계도 예외가 아니다. 이번 일을 계기로 건축의 공포, 기와에 대해 특히 많았던 오해가 바로잡히기를 바랄 뿐이다.

－연구실에 광개토왕비 미니어처가 보인다.

중국 지안의 광개토왕비 앞에서 파는 미니어처 중 가장 큰 것으로 3년 전 구입했다. 안에 있는 벽화는 볼 수 없었지만, 원형대로 남아 있는 고구려 석성을 보고 감동했다. 중국 영토 내에 있는 150여 개 고구려 석성 중 하나인데, 보는 이를 압도하는 7~8미터 높이의 석성을 처음으로 직접 보니 양만춘의 안시성을 중국이 넘보지 못한 이유를 절로 알겠더라.

―『한국 미술의 탄생』은 어떤 책인가.

'영기 문양'이라는 하나의 원칙으로 세계 미술을 꿰뚫는다는, 내 새로운 연구의 출발점이기 때문에 커다란 애착을 갖고 있다. 고구려 금동일월석보관사유상, 신라 성덕대왕 신종, 백제 사리장엄구, 고려 수월관음도 등이 다 그렇다. 노장사상 최대의 개념인 생명, 즉 영기靈氣가 뻗어나가는 넝쿨 모양을 조상의 미술에서 확인하자는 것이다.

『한국 미술의 탄생』에서 단순한 줄기 모양이 딴 줄기와 얽히면서 덩굴 문양으로 발전하는 과정을 여러 색깔로 분석해 처음으로 밝혀냈다. 의미를 알 수 없었던 복잡한 도안의 구조를 분석, 단순한 덩굴 모

『한국미술의 탄생』

다시, 길을 떠나다

양에서 복잡한 문양으로 발전돼 가는 과정을 여러 가지 색채로 구분해 내는 방법이다.

2008년에 큰마음 먹고 일본 쇼가쿠간출판사에서 나온 세계미술전집 47권을 1,500만 원을 주고 구입했다. 이제는 세계 미술을 영기문으로 새롭게 해석하겠다는 결심이었다.

－영기문 연구로 어떤 변화가 예상되나.

특히 불화를 보는 데서 일대 변혁이 온다. 연꽃 밑에 추상적으로 그려져 있는 기하학적 도형으로만 파악돼 온 '영기'의 실질적 의미를 알게 됐다. 우리의 전통 예술품을 보는 데도 전반적인 변혁이 올 것이다. 복식, 건축, 도자기, 기와, 민화, 일반 회화 등 한국의 모든 그림이 새롭게 해석된다. 우리가 처음에는 알았으나, 세월이 흐르면서 잊게 된 우리의 문화다.

현대 회화에까지 적용 가능하다. 클림트의 그림에서도 자주 나오는 문양으로, 불교문화와 소원한 서양인들이 그 의미를 알 리 없다. 클림트 자차도 모르고 그린 것이다.

영국의 디자이너이자 건축가인 윌리엄 모리스 등도 많이 썼는데, 역시 마찬가지다. 코린트 건축에서의 원주 장식 등에서도 발견되는 이 문양의 비밀이 풀리지 않자, 서양인들은 결국 아칸사스라는 꽃의 무늬로 여기고

만 있다.

-새로운 발견은 어떻게 가능했나.

고구려 고분 벽화를 연구하면서 일본인들이 국립박물관에 남겨둔, 원본 뺨치는 정교한 모사품을 연구하면서 결정적 힌트를 얻게 됐다. 3년 전의 일이다. 이후 그 수수께끼를 풀기 위해 고구려 벽화 모사품 전시회 등 기회 닿는 대로 발품을 팔았다.

그렇게 고구려 벽화 무늬에 착안, 단순한 데서부터 모사·분석해 나갔다. 이 같은 사실을 몰랐을 때는 그냥 '용과 당초 무늬의 혼합' 정도로 끝날 수밖에 없었다.

그 무렵 역사학자들과 떠난 그리스 답사여행이 비밀을 푼 결정적 계기였다. 코린트 시에 있는 신전 주두(柱頭·capital)의 표현 양식이 우리나라 것과 똑같아 큰 충격을 받았다. 우리 문화의 보편성에 대해 강력한 암시를 받았다.

-당신의 새 이론에 대한 해외의 반응은.

사실 이번 연구를 치밀하게 한 것도 그것을 염두에 둔 때문이다. 연구 결과를 묶어 일본, 대만 등지에서도 강의했는데 약속이나 한 듯 침묵의 반응이었다. 자존심이 걸린 문제이기 때문이다. 결국 한국이 문화의 중심이란 말이므로, 내가 주변에 "이제 유학 갈 필요 없다"고 말하는 것도 같은 맥락이다.

– 현재 연구소는 어떻게 운영되고 있나.

집세는 수강료를 받아 충당한다. 나는 이번 발견을 근거로, 한국을 세계 문화의 허브로 만들 자신이 있다. '그리스-로마 신전의 주두 연구'가 대표적인 예다. 기둥 머리장식을 스무 가지로 분석한 연구를 보면 세계가 놀랄 것이다.

– 최종 목표는.

이 책은 2, 3, 4편 등 100권까지도 가능하다. '세계미술사'란 부제를 달아둔 데는 그 같은 의도가 있다. 일향연구원은 향후 500명 제자를 목표로, 우리 미술의 진면목을 할 수 있는 데까지 알리자는 것이다.

내 강의 3~4년 계속 듣는 현재 수강생들을 주축으로 해, 금년 안으로 '영기학회'를 만들 계획이다. 이후 내 이론은 전 세계를 포섭하는 일반이론으로 거듭날 것으로 자신한다. 내 발견을 개인 학설의 차원에서 탈피, 세계에 나눠주겠다는 희망이기도 하다.

미술사학자 강우방

영어로는 우리말 발음 그대로, 'young-gi-ology'로 통한다. 사실 이 연구는 국가에서 후원해야 할 문제다. 한국이 역사상 처음으로 세계 문화의 허브가 되는 것이다. 수십억 원 하는 고미술품 구입에서 한 건만 할애하면 되는 일이다.

"한 달에 원고지 500매 분량, 연구 내용·학문성과 올려"

강우방 씨의 일과는 컴퓨터와의 씨름이기도 하다. 오전 9시 30분 도착, 오후 6시에 연구실 문을 나서기까지 컴퓨터 꺼질 시간이 없다. 집에서도 그 일과가 이어짐은 물론이다. 2007년부터 네이버 카페에 있는 그의 강의 모음 '미술사연구방법론'은 책에서는 맛볼 수 없는 강의의 현장이 생생하게 기록돼 있다. 그의 에세이집 『어느 미술사가의 편지』는 강씨의 온라인 커뮤니티가 그려내는 풍경을 생생하게 전한다.

그의 홈페이지(www.kangwoobang.or.kr)상의 커뮤니티 코너에는 한 달에 300여 명 꼴로 편지가 들어온다. 그는 "초등학생도 호기심을 가질 수 있게 배려하고 질문에 답장도 빼먹지 않는다"며 "하루에 서너 건씩 계속 글을 올린다"고 말했다. 차세대 '강우방 학파'의 노릇돌인 셈이다.

도메인은 5년 전 일향한국미술사연구원을 열면서 그의 아이디어로 개설됐다. 자신의 이론을 보다 많은 사람들과 소통하기 위한 장치였다. 인터넷 덕에 해외에서도 연락이 오기도 한다. 금동미륵반가사유상 등의 연구결과는 이전에는 몰랐던 사실이어서 충격적이라는 반응들이다.

많으면 한 달에 원고지 500매까지의 글을 올릴 만큼 그의 애착은 대단하다. 1년이면 2,000매 상당의 글이 모인다. 강씨는 "나의 학문적, 심리적 변화가 여기 다 기록돼 있다"고 말했다. 책 서너 권 분량은 되지만 차일피일 미뤄 오다 이번에 때를 만났다. 『어느 미술사가의 편지』는 『한국 미술, 그 분출하는 생명력』, 『미의 순례』, 『미술과 역사 사이에서』에 이어 네 번째로 나온 그의 예술론집이다.

1941년생. 미술사학자로 경주박물관장과 일향한국미술사연구원 원장을 겸하고 있다.

"나의 작품은 온전히 나만의 세계,
한국적 가치 염두에 둔 적 없어"

현대음악 작곡가_ 강석희

'i는 오르간 건반 사이를 비집고 들어가 보기로 결심하였다. E와 F 반음 사이의 틈에 손톱을 밀어 넣었다 대체 이곳엔 어떤 음이 있었던 것일까.'

정재학 시인의 시집 「광대 소년의 거꾸로 도는 지구」 중 「미분微分—금기」라는 시의 서두. 결과적으로, 저 시는 현대음악 작곡가 강석희 씨의 창작법을 놀라우리만치 충실하게 재현하고 있다. E는 흔히 말하는 '미'고 F는 '파'다. 두 음은 반음 관계여서 그 사이에는 딴 음이 들어올 수 없다고 우리는 배웠다. 그러나 그 공간에서 또 다른 음 현상을 길어올리는 것이 현대음악이다.

작업실에서 이뤄진 인터뷰를 통해, 그는 영원한 청년임을 입증했다. 여전히 젊고, 여전히 개성적이다. 오선이 44줄 그려진 거대한 악보(보통은 22줄)에 깨알 같은 음표나 기호를 그려 넣는다. 1966년 한국 최초의 전자음악 「원색의 향연」을 발표하고, 3년 뒤 '현대 음악제(Pan Music Festival)'를 시작하는 등 왕성한 활동으로 한국 현대음악을 온전히 대표해 온 그는 한켠에 야전침대를 갖춘 작업실에서 여전히 정진 중이다. 싱크대에는 그릇들이 잘 말려지고 있었다.

그는 "쓸 작품이 많다"고 했다. 자신이 쓰고 싶은 작품이 끊임없이 생기고, 써 줘야 할 작품 역시 줄을 잇고 있다는 의미다. 세계가 들었던 88올림픽 개·폐막식 음악 「프로메테우스 오다Prometheus Kommt」는 그 일례다.

–가장 최근 작곡한 곡과 지금 쓰고 있는 작품은 뭔가.

2008년 바르샤바 라디오 심포니가 「마림바를 위한 콘체르토」를 초연했다. 나로서는 처음으로 타악기(마림바)를 내세운 협주곡이다. 그 교향악단이 국내 음악회사 OPUS를 통해 위촉해 왔다. 프로 작가가 위촉을 받지 않고 쓰는 경우란 거의 없다. 그 작품을 계기로 심포니까지 위촉받았는데, 암스테르담 콘서트헤보가 2010년 5월 서울서 초연할 예정이다.

–현재 구상 중인 작품은.

독일 작가 볼프강 부르데의 대본에 근거한 2시간짜리 그랜드 오페라 「싯달타」다. 2000년 학교(서울대 작곡과) 퇴임 전까지는 별로 못 썼는데, 요즘이 학교 있을 때보다 더 바쁜 셈이다.

–제2의 전성기인가.

이런 일 하는 게 아주 기분 좋다. 창작의 고통만큼 즐거운 건 없으니까. 젊을 때는 밤에만, 나이가 좀 들어서는 낮에만 썼는데, 요즘은 들쭉날쭉이다.

–그런데 작품 번호(op)는 왜 안 붙이나.

원래 op란 완성도가 매우 높은 작품에만 붙이는 것이다. 누군가가 붙여 주겠지.

　　–신작들에서의 강조점은.

　타악기를 위한 작품이므로 리듬이 매우 중요하다. 농악의 리듬을 내 식으로 해석하고 있다. 사물놀이적인 패턴도 응용하므로, 더러 한국적인 선율이 들릴 수도 있겠다. 그러나 나는 '한국적'이란 가치를 염두에 둔 적이 없다. 나의 모든 작품은 온전히 나만의 세계다.

　　–사회적 함의보다 자기완성을 추구한다는 의미의 '예술적 이기주의자'인가.

　과학적 이기주의자라는 말이 더 나을 듯하다. 최선을 다해 자기 세계를 완성한다는 뜻에서 하는 말이다. 막내가 대중음악을 작곡하는데 나더러 '쉽게 쓰면 사람들이 좋아하니 아버지도 잘 생각해 보시라'고 하더라. 그러나 나는 좋은 연주가 있으면 바로 전달된다는 믿음으로 작업하고 있다.

　　–자신의 작품과 한국 연주자들의 궁합은.

　요즘은 한국 연주자들의 수준이 높아, (내 작곡 의도가) 잘 전달된다. 예를 들어 1997년 쓴 「피아노 콘체르토」는 백건우의 연주로 파리에서 초연됐는데 기립 박수를 받았다. 1년 뒤 예술의 전당에서 프랑스인 지휘자, 서울시향의 연주로 펼쳐졌는데 마찬가지였다. 예술은 쉬우냐 어려우냐의 문제가 아니라 결과의 문제라고 생각한다.

―그러나 일반에게 현대음악은 여전히 난해하다. 소통의 계기는 어디 있다고 생각하나.

작품을 많이 접해야 청중의 수준이 상승된다. 한국 청중은 '백 투 더 패스트back to the past' 다. 현대를 망각하는 경향은 한국이 특히 심하다. 편중된 학교 교육 때문이다. 중고등 학교부터 워크숍을 갖는 게 효과적인 방법인데, 크게 보아 우리 사회의 발전 · 진화와 함께 해결돼야 할 문제다.

―한때 '해설과 함께 듣는 현대음악'처럼 대중화의 움직임이 반짝 일기도 했는데.

현대성을 그대로 받아들이는 사람은 극소수다. 한국에서 현대란 '양동이에 담아서 들이부은' 충격이었는데, 여전히 소화 불량의 상태다.

―현대음악의 불모지였던 1960년대 말 한국에서, 세계의 수준 높은 현대음악을 소개한 '판 뮤직 페스티벌'은 어떻게 만들어졌나.

당시 윤이상 선생한테 배울 때, 선생이 '폴란드의 가을페스티벌 같은 현대음악제가 한국에도 필요하다' 는 말씀을 하셨다. 새겨뒀다가 선생이 독일로 돌아가신 후 바로 시작했다. 한국 유일의 현대음악제로 크세나키스, 노노 등 주요 작곡가를 주제로 잡아가며 1992년까지 이어졌다. 그 행사를 통해 현대음악의 새 정보들을 제공한 점은 큰 보람으로 생각하고 있다.

—지금까지 현대음악을 해 오면서 특히 좋았던 순간은.

1975년 대성공을 거뒀던 이화여대 대강당에서의 행사다. 만원을 이룬 관객 앞에서 직접 설명하던 일, 생각하면 아직도 매우 즐겁다. 프랑스 주자들이 와서 크세나키스의 「에온타」를 연주했을 때, 생각도 못한 세계가 펼쳐지자 모두들 깊이 감동받던 모습은 생생한 추억이다.

—불모의 땅에서 성공을 거둔 이유는 뭐라고 생각하나.

초연은 물론 최고의 곡이 아니면 무대에 올리지 않는다는 원칙을 견지했기 때문이다. 나의 주도로 세계 초연한 작품이 150곡은 넘는다. 세계적 연주자들을 불러 모두 무료로 공연한 행사였다. 관객을 끌기 위해 전단지 배포는 물론, 언론 인터뷰 등의 기회를 적극 활용했다. 라디오로 전국에 방송하는 걸 알고 어떤 외국 연주자는 '한국은 현대음악의 천국'이라는 말까지 했다.

—적극적 활동이 인상적이다.

1976년 첫선을 보인 FM이 현대음악을 기획해 달라고 청해 왔었다. 넉

142

가야금 연주

달 동안 2시간짜리 프로그램 '현대음악'을 즉흥 진행했다. 1984년에는 영상매체 쪽으로도 활동했다. 젊은 시절 내가 공부했던 베를린 공대에서 영국의 실험작가 로버트 태롤이 만든 16mm 영화 「용」, 「봉황」, 「돌사자」의 음악을 맡았다. 그는 결국 한국에서 승려가 됐다.

-컴퓨터 음악의 미래는.

컴퓨터 음악이란 아이디어 경쟁과도 같다. 이런 점에서 보면 세계의 컴퓨터 강국인 한국의 가능성은 특히 밝다. 20년 전 컴퓨터 음악 스튜디오를 갖추려면 수억 원이 들었지만 지금은 몇 백만 원으로 그 시설을 능가할 수 있다.

컴퓨터로 장난만 하지 말자. 나도 생각해 보지 못한 소리를 만들어 내는 사람이 나오기를 기대한다. '지금껏 들어본 적 없는 소리'를 만든다는 목표가 필요하다. 1981년 한국인 최초로 독일에서 「모자이코」를 발표했을 때가 그랬다.

강석희는 …

"형식에 따라 음악 어법도 달라야… 예술의 자기 모방은 불가"

88올림픽은 올림픽 사상 처음으로 컴퓨터 음악을 썼던, 예술적으로 진보적이었던 행사였다. 제우스 신, 천둥, 번개, 투창 대회, 춤 등의 이미지를 컴퓨터, 트럼펫, 여성 보컬 등을 빌려 형상화한 그 음악에 대해, 본격 컴퓨터 음악이 낯선 사람들은 "무섭다"는 반응까지 보였다. "모방 혐의가 있다"는 등의 낭설이 불거지자 주최 측이 사과까지 했다. 미국에서는 필립 글래스의 미니멀 음악을 업그레이드한 것이라는 평이 나오기도 했다.

강석희 씨는 매우 부지런한, 육식성의 작곡가다. 왕성한 소화력으로 솔로, 오케스트라, 오페라, 실내악 등 전통적 형식의 작품들을 각기 적합한 어법으로 작곡하고 있다. 그를 지탱해 주고 있는 힘은 "형식에 따라 음악 어법도 달라야 한다"는 것과 함께 "예술의 자기 모방은 절대 불가"라는, 두 가지 철칙이다.

그는 한국인의 짜깁기 식 접근과 문화 편식을 문화 강국의 길에 놓인 최대의 걸림돌로 경계했다. 1984년 독어와 이탈리아어 대본에 의거해 지었던 2시간짜리 음악극 「펜테지레아」가 좋은 예다. "쾰른과 로마의 방송국은 원곡 그대로 내보냈는데, 감동했다는 평이 따랐죠." 그러나 1994년 국내 예술의 전당 소극장에서 공연됐을 때는 20분 동안 하이라이트만 소개됐다.

강씨의 말에 따르면 지금 세계 현대음악에는 조타수가 없다. 그는 "슈톡하우젠, 크세나키스, 리게티 등 거장들이 최근 3~4년 새 모두 세상을 뜨는 바람에 구심점을 잃은 상태에서 독일의 정진이 주목된다"고 했다. 21세기 한국의 현대음악이 또 다른 기대를 갖게 하는 이유다.

대선배들에 대한 그의 평을 들어보자. "새로움의 추구라는 면에서 본다면 스트라빈스키가 최고다. 그러나 베토벤은 본질적으로 최고다. 완성도·구조·창조성 등의 견지에서 예외가 없다. 특히 작품번호 130번 이후의 현악4중주곡들은 그중에서도 대표작이다."

1934년생. 작곡가로 국제현대음악협회 작곡상(1999), 대관령국제음악제 상임 작곡가상(2006)을 수상하였으며 현재 국제현대음악협회 명예 회원이다.

"대중음악은 딜레마의 예술,
이론에 가둬두는 순간 변질돼"

가수_ 이정선

교수 연구실의 서재는 그 주인의 내면 풍경을 그대로 비춰준다. 블루스 가수 이정선 동덕여대 공연예술대학장의 연구실 한쪽 벽면은 음반들로 가득 차 있다. 국악, 한국 인디, 재즈, 라틴, 힙합, 일렉트로닉, OST, 남성·여성 솔로 등으로 분류된 벽면은 정리된 도서관을 보는 듯하다. 그러나 그것은 일부다.

진짜는 집에 있다. 자신이 구입한 LP가 1,000여 장이다. 거개가 편곡, 기타·하모니카 세션 등으로 직접 제작에 참여한 작품들이다.

"놀며 살았는데 꽤 했네요. 그런데 돈은 못 벌었어요." 경제(돈) 이야기만 나오면 괜히 객쩍어진다. "뽕짝도 내가 부르면 블루스가 돼 버리니…." 블루스, 블루스 하지만 정작 진짜 블루스는 한참 마이너 장르가 돼 버리는 이 땅에서 그는 여전히 꿈꾸고 있다.

다시, 길을 떠나다

─요즘은 학교 밖에서 보기가 힘들다.

학생 가르치는 게 주업무라 그렇다. 음악하며 돈도 벌고 싶지만, CD의 시대는 끝나지 않은가. 학교 앞(대학로)에 있던 CD 매장들은 다 사라졌다. 인터넷을 통하지 않고는 불가능한 시대다.

─학교서 어떤 것을 가르치나.

대학원 전공으로 '싱어 송라이터 연구', 학부생에게는 '가요 작법'과 '전공 실기 노래'를 강의한다. 핵심은 1시간 동안 1명을 레슨하는 '전공 실기'다. 예인을 길러내는 전통적 방식인 도제 시스템을 내 식으로 바꿔 본 것이다.

─노래방의 보편화 등으로 노래 못 부르는 사람이 없는 시대다.

있는 그대로 부르는, 편하고 듣기 쉬운 소리가 최고다. 학생들이 요즘 유행하는 R&B 창법을 흉내내면 나는 '너, 꽁꽁대지 말라'며 당장 중지시 긴다. 이설프게 흑인 창법을 모방한 노래를 나는 '알과 비'라고 농담조로 말한다.

R&B를 우리말로 직역한 것인데, 왠지 이상하지 않느냐. 그게 다 껍데 기 포장에 더 신경 쓰기 때문이다. "꽁꽁"대는 콧소리도 내지 말고, 노래 는 얘기하는 것처럼 하는 게 최고다.

−일반인들이 블루스의 진짜 맛을 알려면.

나는 요즘 블루스를 단순하게 하고 있는데, 결국 블루스의 깊은 맛을 보여 주기 위한 것이다.

−교육 활동은 언제부터 했나.

1988년부터 서울예전에서 가르쳤다. 창립 멤버였던 길옥윤, 정성조 씨보다 1년 늦었다. 5년 정도 가르쳤는데 정이 들만큼 들었다. 이어 동덕여대에서 교수로 가르치고 있다.

−국내 실용음악과의 현황은.

10여 년 전부터 급증, 현재 전국에 50여 개나 있다. 그러나 지방대의 경우 실용음악과는 학생 유치를 위한 카드인 경우가 많다.

−학생들에게 강조하는 것은.

창의력이다. '네 음악을 해라'는 말을 입에 달고 다니지만 잘 안 된다. 먼저 배울 걸 다 배워야 가능하다는 생각 때문인데, 음악의 학문화 탓이 크다. 나의 경우는 카드가 하나 있다. 뭔가 그럴 듯하게 가르쳐야겠다고 생각했는데, 거기 맞는 게 대중성과 학문성을 동시에 만족시키는 음악인 재즈다. 학생들도 일단 배우면 그 늪에 빠진다.

— 실용음악 교육이 힘든 이유는.

체계화하기 어려운 게 가장 큰 문제다. 20여 년 가르쳐 왔지만 사실 불가능한 문제다. 대중음악은 딜레마의 예술이다. 이론으로 가둬 놓는 순간, 대중음악이 아닌 것으로 변하기 때문이다.

— '실용'의 의미는.

실제적 활동에 가장 큰 비중을 둔 말이다. 그것을 위해 학생들에게는 가요, 록, 포크, CCM 등 모든 장르를 다 배우라고 권한다. 본인의 안목이란 그 다음 나오는 것이라며. 실용음악이 학문적으로 홀대받은 데에는 정책적으로 정통 예술의 보호·육성에만 치중했던 까닭이 크다. 대중음악 하는 사람들은 어떻게 하든 먹고 살 수는 있다는 통념도 한몫했다.

— 사실 그렇지 않은가.

아니다. 홍대 앞 클럽에서 활동하는 인디 밴드의 예를 들어보자. 하루 종일 일하고 1만 원 받는다. 그게 실상이지만, 정책 입안자들은 제쳐놓고 본다. 돈 잘 벌고 있지 않느냐며. 실제로 음악만 하고 사는 사람은 5%도 안 된다.

음악할 수 있는 장場이 절대적으로 부족하다. 외국의 경우는 콘서트와 저작권이라는 두 기둥이 있지만 한국은 방송국이 칼자루를 쥐고 있다. 아무리 좋은 곡이라도 방송이 아니면 홍보 자체가 불가능하다. 가수들이 토크쇼로 몰리는 것도 방송에만 전적으로 의존할 수밖에 없게 하는 구조 탓이다.

-인터넷 공간이 또 다른 가능성으로 작용하지 않을까.

성인층은 인터넷이 가짜라는 걸 안다. 그들의 인터넷 활용이라 해봤자 동호회 차원이다. 그런데 고급 정보의 보루가 돼야 할 신문들도 세부적인 사항은 인터넷으로 넘겨버리고 만다. 지금은 무지 애매한 시대다. mp3 문제가 최대의 현안이다.

지금 상황이 과도기인지 혹은 전환기인지 나로서도 판단이 잘 안 선다. 음악인들은 모이면 그 고민이다. 하여튼 어려서부터 거기 익숙해진 세대는 그것이 곧 음악이라고 착각할 것이다. 워낙 거센 변화라 대안적 움직임도 없다.

-막연히 던져둘 문제는 아닌 것 같은데.

교수들과 공동 연구할 학회를 지금 추진 중이다. 우선 '실용음악'의 정체성을 어떻게 정의하느냐가 첫 번째 관문이다. 과가 세분되거나, 학교마다 특성화될 것 같다. 재즈나 뽕짝 등으로 과를 나눠서 '실용음악대학'이란 틀로 나아가야 한다고 본다. 일본에서도 거기 대한 답이 없다. 그네들은 '단기대학'(전문대) 안의 포퓰러 뮤직 또는 재즈과 정도로 해 두고만 있다.

－지금은 가요계의 어른이지만 왕년에는 왕성하게 활동한 가수였다. 자신의 출세곡은 뭐라고 생각하나.

(웃으며) 아직 없다. 서울대 미대 조소과 68학번인데, 4학년 (1976) 휴학 중에 낸 포크록 풍의 앨범 '거리'가 첫 앨범인 셈이다. 순전히 복학 등록금을 마련하기 위한 일이었다. 그런데 그

「30대」

곡이 '불신풍조 조장'이라는 우스꽝스런 이유로 금지당했다.

'신을 믿는 사람은 많아도 사람을 믿는 사람은 없으니'라는 가사가 트집 잡혔다. 그때는 노래 서클 '메아리'도 없던 때였다. 재학 중 지었던 「섬소년」이 2년 뒤 알려지면서 대중적으로 이름이 나기 시작했다. 4분이라는, 당시로서는 파격적인 길이의 곡이었다.

－포크 그룹 '해바라기'와 블루스 그룹 '신촌블루스'의 리더로 기억하는 사람이 많다.

'해바라기'는 이광조, 한영애, 김영미와 함께 포크, 뽕짝, 민요의 재해석에 치중했다. 이주호가 입대하고 뒤를 이은 이광조는 노래를 진짜 잘

불렀고, 한영애는 늘 딴 꿈을 꾸는 듯 독특한 캐릭터였다. 모두 좋은 친구로 요즘도 종종 만나지만 새 음악을 함께하기는 힘들 것 같다. '신촌블루스'는 시대의 변화, 음악과 경제의 문제를 의식한 그룹이다.

듣는 사람을 위한 음악을 하자는 데 나와 엄인호, 김현식이 뜻을 함께했다. 극히 간단한 장비를 갖고 신촌의 레드제플린에서 매주 1회, 1년 공연하니 사람들이 몰리더라. 나는 당시 그룹 이름을 '뽕 블루스'로 하자고 했다. '뽕짝 블루스', 즉 한국의 한이 담긴 블루스를 추구한 그 그룹 활동으로 나는 음악의 재미란 걸 알게 됐다.

이정선은 …

"11집에서 가야금 산조와 블루스 기타 퓨전작업 선보여"

"B B 킹은 단 한 음으로 오케스트라를 감당해내죠. 그는 몸 전체가 블루스예요. 나는 기타 치면 포크도, 록도, 재즈도 되지만 킹은 뭘 해도 블루스가 되죠."

댄스 뮤직, 뽕짝, 록 일변도였던 한국 대중음악계에 「건널 수 없는 강」 등 한국적 블루스의 명곡들을 선사, 음악의 지평을 넓힌 이정선 씨는 요즘 새로운 꿈을 꾼다. "건강하게, 기타를 오래 치고 싶어요. 그런데 요즘 손가락 연골이 닳아, 장시간 연주하거나 힘든 코드를 치면 손가락이 꼬여요. 그래서이기도 하겠지만, 한 음을 가지고 '맛있게' 치는 법을 연구 중이죠." 하드웨어(손가락)의 변화에 소프트웨어(주법)가 조응한다. 속주의 기교를 넘어선 신지평의 세계를 그는 꿈꾸고 있다. 11집 앨범 「Hand Made」에서는, 성금연 류를 계승한 지애리 씨의 가야금 산조와 블루스 기타가 서로를 탐하며 새 세계를 펼쳐 보인다.

10여 년 전으로 거슬러 가는 일이다. "MBC TV 국악 프로그램 「샘이 깊은 물」에 출연하면서 국악과의 퓨전 작업을 처음 시도했어요. 알수록 힘들어지는 세계였지만, 양악하는 사람의 숙제인 동시에 국악에 대한 의무라는 믿음으로 연구해 왔어요."

대표적인 예가 대금과 가야금이 동원됐던 「나들이」다. 이후 그 같은 문제 의식이 겉으로 드러나지는 않았지만, 꾸준한 물밑 작업으로 이어지고 있었다. "지금까지는 국악기로 하는 양악, 양악과 국악의 혼합 등 퓨전적 시도가 주류였죠. 나는 국악 같은데 국악기는 하나도 안 쓴 음악을 할 생각이에요." 군대 시절 가수 양악단원으로 활동하던 그는 막 창설된 육군국악대의 부탁으로 함께 활동, 박범훈, 국수호 등 국악인들과 알게 되면서 국악에 빠져들었다. '망부석'의 김태훈이 당시 육군국악대 단원이었다.

5음계의 블루스와 5음계의 국악이 그의 손에서 어떻게 '맛있는' 음악으로 거듭날지, 본격 성과물을 세상에 막 내놓은 그는 흥미로운 시선으로 세상을 내다보고 있다. "작심하고 제작한 이번 앨범이 빛을 보기도 전에 음반사가 망해 버렸어요." 입은 웃지만, 마음은 좀 시리다.

1950년생. 가수로 제1회 한국대중음악 공로상(2004), 한국음악상 본상(2008)을 수상하였으며 현재 동덕여대 실용음악과 교수로 재직 중이다.

가수 이정선

"사회 변혁 넘어 완성도·
보편성에 초점… 1년에 한 편씩
판소리 열두 바탕 창작 매진"

소리꾼_ 임진택

바람보다 빨리 눕는, 그러나 먼저 일어서는 힘으로 그가 다시 간다. 1년 틀어박힌 끝에, 그는 새 길을 찾았다. '중도'의 깃발 아래 그는 다시 길을 간다. 깃발이란 말에 지난 시절의 선동성은 더 이상 없다. 험한 여정 끝에, 통찰은 찾아왔다.

연출가이자 소리꾼인 임진택 씨가 큰 판을 들고 나왔다. 그에게 예술은 여전히 사회변혁이다. 소통ㆍ전달의 위력으로 사람의 마음을 움직이는 방식이다. 그러나 이제는 예술의 중심이자 궁극적 가치인 '예술성'에 대한 탐험이 돼야 한다는 생각 쪽으로 무게 중심이 이동 중이다.

−최근까지도 큰 판 만드는 일에 열심이었다.

'통과 의례 축제'는 예산 지원이 끊겼고, '야외 공연 축제'는 남양주,
과천시와 행정상의 문제가 생겼다. 그러다 보니 아무도 간섭할 수 없는
일을 하자는 결심이 섰다. 50살 때 통과 의례를 치렀으니, 60대는 새 일에
전념할 생각이다. 어찌 보면 삶과 죽음에 대해 생각하게 되는 60으로 접
어들었다는 강박관념의 소산이기도 하다.

−어떤 특별한 계기라도.

지금 보니 세상이 한참 '거꾸로' 가고 있다는 생각이 들었다. (좌파 측의)
실수와 오류에다 정권의 오만·무능이 겹쳐 빚어진 결과다. 방향과 신념
의 문제는 아니라고 생각한다.

나는 잃어버린 10년이 아니라, 이승만 정권까지 합쳐서 '잃어버린 50년'
이라 한다. 나 자신으로서는 그간 했던 일이 소멸돼 간다는 위기의식이
컸다. 특히 환갑을 앞두니 자괴감마저 들었다. 나의 창작 판소리 세 바탕
은 잊혀 간다. 소리꾼으로서 나의 예술적 성취는 뭔기, 미래에 어떤 가치
로 남을 것인가를 생각하게 됐다.

−자기반성이었나.

정치판에 뛰어들어 정치운동 할까도 생각했다. 사실 젊을 때부터 해온

나의 예술·문화 활동은 정치적 실천이었다. 문화운동의 필연성에 대해 깊이 재고하게 됐다. 정치는 거꾸로 갔고, 상업성 탈피한 예술을 부르짖어 봤지만 결국 반생명적인 '문화 투기'만 남았다.

1년 동안 은둔하고 고민했다. 좌파적 사고에 대해 굉장히 회의했다. 나는 중도라는 결론에 달했다. 좌우만 빼면 모든 것이 중도·실체다. 좌우란 방향을 나타내는 관념일 뿐이다. 실체는 그 사이에 있다. 이를 인식하게 하는 것이 바로 문화다.

−그 같은 확신은 어떻게 생겨났나.

코페르니쿠스적 전환이다. 김지하의 '역동적 중도론'이 맞다. 절대적 부분은 중간에 있다. 이 점을 인식해야 실천의 방향이 생긴다. 진보의 반대는 퇴보나 정체이지, 기분에 휩쓸려 좌우로 얘기되는 게 아니다. 중도는 공격받는 이념이다. 사기꾼들이 써 왔기 때문이다.

중도의 실체와 존엄성은 오해되고 있다. 사회의 갈등을 주제로 한 토론장에서의 대립상을 보라. 양비 아니면 양시가 팽팽히 대치할 뿐이다. 절충·타협·양보할 수 있는 올바른 길이 있다. 그랬다면 용산 참사 같은 일은 없었을 것이다.

−당신의 중도는 현 상황에 대한 위기의식인가.

10여 년 동안 민주적 정권 하에서 획득해 온 문화민주주의가 퇴보하고 있다. 내가 만들었던 판소리에는 정치적 함의가 강하고 지난 시절 엄청난 역할을 한 것이 사실이다. 「똥바다」의 거름을 먹고 자란 386은 그러나 실패했다.

내가 거름을 잘못 주었다. 이제 나의 새 판소리가 새 거름되길 바라는 것이다. 지난 시절 표방했던 가치가 과연 진정성 있었나는 생각마저 든다. 민주를 표방하면서 순수하지 못했던 측면이 이렇게 망쳐 놓았다.

자신이 속해 있던 진영으로부터 벗어나고자 하는 언행으로 오해받는 것은 아닐까, 함께했던 사람들을 모독하는 것이 아닐까 하는 우려도 되지만, 내 생각에 거짓은 없다. 권력에 있던 일부의 오류 때문에 폄하되는 현실이 안타까울 뿐.

-이명박 정부 수립으로 촉발된 것인가.

보수화된 시대에 접어들어 예술을 다시 돌아봐야 한다는 생각을 하게 됐다. 그것은 나의 내부를 향한 반성이었다. 진보의 가치가, 진보 진영의 부족 때문에 능멸당하고 있다는 느낌이었다. 무가치하고 실없는 일부 예술이 형식이나 테크닉만으로 사람들을 끌어당기는 현실을, (내가) 부정할 힘을 잃어가고 있다는 위기감이기도 했다.

진보 진영의 사회 참여적 예술을 가장 먼저 주창해 온 우리가 국민적 보편성을 획득하지 못한다면 진보적 예술의 가치 자체가 훼손당할 수 있다는 느낌이다. 예술이란 상황과의 관계이며 쟁투인 이상, 시대를 초월하는 높은 완성도와 보편적 주제를 반드시 담지해야 한다는 생각이다.

─최근 발표한 '새로운 판소리 열 두 바탕' 창작안이 거기 대한 답인가.

「오적」과 「소리 내력」 합쳐 한 바탕, 「똥바다」, 「오월 광주」 등 지금까지 판소리 세 바탕을 지었다. 군사정권 때 저항의 상징으로 지었던 만큼 그 어느 작품보다 정치적이었다.

그러나 민주화 이후 정치적 판소리의 효능은 떨어졌다는 소리까지 공공연히 들리면서 자괴감마저 들었다. 세종대왕, 이순신, 정약용, 전봉준, 김구, 허준, 홍길동, 장보고, 대장금, 송흥록(동편제), 신재효, 임방울(서편제) 등 민족문화를 빛낸 위인들을 그린 새 판소리 열 두 바탕 창작 계획을 밝힌 것은 그래서다.

배수의 진을 치는 심정으로, 1년에 한 편씩 12년 해나갈 사업이다. 이 일은 박동진, 박동실(김소희의 딸), 그리고 나로 이어지는 창작 판소리의 3대 계보를 재확인한다는 의미도 크다.

─사설은 누가 쓰나.

판소리 사설을 제일 잘 쓰는 사람은 김지하. 「오적」, 「대설」을 보라. 또 「소리내력」이나 「똥바다」는 인터넷 괴담으로 어지러운 이 시대를 내다보고 야유한 판소리 사설이라 해도 좋다.

판소리 문체를 아는 소설가 최인석, 판소리 문체로 소설 「지리산 반달곰」을 쓴 이병천, 「녹두장군」의 송기숙, 「다산」의 한승원, 대학 시절부터 판소리를 한 김명곤 전 문화부장관 등은 내가 운을 떼니 다들 찬성했다. 최근 TV로 널리 알려진 「허준」, 「대장금」 등은 해당 작가에게 제안해 볼 생각이다.

「한국의 민중극」

-누가 부르나.

이제 나는 기가 달려 못다 부른다. 다 외워서 하는 것도 힘든 일이다. 그러나 「세종」, 「허준」, 「대장금」 등 3개는 꼭 하고 싶다. 사설도 내가 다 쓸 계획인데, 「세종」, 「허준」은 내가 직접 부를 생각이다.

세종대왕을 맨 먼저 모시고 싶은 것은 왕의 신분임에도 신하와 같이 연구하며 논쟁까지 벌이는 열정, 연구하다 눈멀어 가는 과정 때문이다. 젊어서 받은 고문의 후유증으로 망막이 박리돼 어쩌면 노년에 눈멀게 될지도 모를 나로서는 남 같지 않다. 그 밖에 성창순, 조상현, 정철호, 김일구, 안숙선, 박윤초 등 명창들에게도 작창을 부탁할 생각이다.

-체계적 준비는.

문화사적인 과업임을 널리 알려 공적인 일로 만들었으면 좋겠다. 문화예술계, 해당 지자체의 관심으로 승화시키는 방안을 생각 중이다.

전봉준은 정읍, 홍길동은 장성, 임방울은 광주, 이순신은 여수·충무·아산, 정약용은 남양주(생가)나 강진(유배지), 세종은 여주 혹은 기념사업회, 장보고는 완도, 대장금은 음식 관련 협회, 허준은 한의사 모임·산청(고향) 등과 연계시킨다는 계획을 갖고 있다.

나는 공식적 유산으로 살아남을 작품을 구상한다. 예전 같으면 운동성을 염두에 뒀겠지만 이제 교육적 효과를 살려 어린이들도 부를 수 있게 할 것이다. 문화관광부의 지원을 희망하는 것은 그래서다.

임진택은 …

"대학 때 「오적」 접한 후 첫발, 구치소 공연 후 '꾼'으로…
문화재 정권진 씨를 사사"

그의 반골 기질은 타고났다. 「비어」에서 「광주항쟁」까지, 판소리라는 양식이 있었기에 가능한 일이었다. 인연은 서울대 외교학과 2학년, 연극반일 때로 거슬러 간다. 서클 선배인 김지하 시인이 쓴 「오적」을 유인물 「민주전선」을 통해 알게 됐다. 이후 탈춤반이 생기고 난 뒤에는 김 시인의 「비어」를 판소리로 엮었고, 그 사설은 가톨릭 교단의 문화지 「창조」에까지 실렸다. "당시 편집장으로 있던 구중서 씨의 게재 결정을 김수환 추기경이 승인했죠." 그는 그중의 눈대목 격인 「소리 내력」이 너무 재미있어 잠꼬대까지 할 정도였다.

판소리꾼으로서의 첫 공연은 3년 뒤인 1974년 민청학련 사건으로 복역 중이던 서대문 구치소의 철창 안에서 펼쳐졌다. 국가보안법 위반으로 사형 선고를 받은 사람들과 그 자리에서 노래 시합이 붙었다. "남진, 나훈아를 소리 죽여가며 부르던 자리에서 내 차례가 왔어요. 「소리 내력」을 불렀더니 그 후로는 나를 완전히 어른 취급하더군요." 곧 그 소리는 민주화운동 진영의 인기 레퍼토리로 굳어졌다. 판소리를 처음 접해 본 문인들의 호응은 특히 뜨거웠다. 이후 그는 본격 판소리꾼으로 거듭났다.

이듬해 명동 카페 떼아트르에서 했던 「오적」 공연을 본 인간문화재 정권진(심청가 보유·전남대 국악과 초빙교수) 씨는 "세계 최고의 모노드라마"라고 극찬했다. 국악예고 교실을 빌려 그를 "임진사"로 칭하며 가르치던 정씨는 머잖아 그를 사실상의 전수자로 삼았다. 창작 판소리 「오적」과 「똥바다」가 그래서 나왔다. 1999년 동숭아트센터에서 「오적-소리 내력」, 「똥바다」, 「오월 광주」 등 자신의 대표작을 엮어 가졌던 판소리 세 바탕은 저간의 총정리였다.

임진택 씨는 "1994년 「녹두장군」 사설 쓰는 데 도전했다가 실패했지만 이제는 수가 다 보인다. (작창)할 때가 됐다"고 했다. 또 하나의 판소리 양식, '임진택 류'가 귀명창들의 심판을 기다리고 있다.

1950년생. 소리꾼으로 옥관문화훈장(1998), 백상문화예술대상(1999) 특별상을 수상하였으며, 현재 극단 길라잡이 상임 연출, 한국민족예술인총연합 부회장으로 재직 중이다.

"우리 장인들은 없이 살았지만,
복을 덜 타고 났지만, 남 잘 때
일한다는 강인한 의지로 살아왔다"

대목장_ 최기영

"어른들 시킨 대로만 했으면 되는데…." 아직도 분을 삭이지 못했다. 큰 목수는 홀라당 타버린 숭례문을 생각하면 여전히 기가 찬다. 중요무형문화재 제74호 최기영 씨는 대목장大木匠, 즉 큰 목수다.

요즘 TV 광고에서도 얼굴이 보이지만, 그가 세상 앞에 성큼 나온 것은 불탄 숭례문 때문이다. 직계 할아버지가 남긴 유산이라 그의 소회는 남다르다.

한국전통문화학교 초빙교수, 한국문화재기능인협회장이 그의 공식 직함이다. 3년째 학생들에게 매주 실기 강의 1시간, 건축 목구조 강의를 4시간 한다. 경기 남양주군 진접읍에 있는 그의 전수관에서 말을 청해 들었다.

– '어른들 시키는 대로' 라니.

중심의 헛집, 적심으로 불이 들어갔던 만큼 소방 호스를 (건물 바깥에서 부터가 아니라) 안으로 집어넣었어야 했다. 나는 소방학교, 언론사 등에서 문화재 보존에 관해 특별강의를 많이 해서 잘 안다. 효율적으로 불 끄는 방법에 대해서도 강의했는데 이런 일을 당하고 보니….

– 사건 당일의 행적이 궁금하다.

불 난 사실 알고 한걸음으로 달려가니 '대통령이라도 못 들어간다'고 막더라. 승인 문제 등으로 관료들이 몸 사린 결과다. 사생결단하고 불을 막았어야 했다. 용마루 뜯고 그 속으로 물 쏟아부었다면 그렇게까지는 유실 안 됐다.

19대 조부 최유경 할아버지가 한성판윤이란 관직을 하사받아 태조 5년 때 건립한 건물이어서, 나의 참담한 심경은 더했다. 현장 접근에 실패한 뒤, 나는 언론의 등쌀이 두려워 자리를 피하고 있었다.

– 앞으로 어떻게 될까.

숭례문은 유구遺構가 보존돼 있는 만큼 원형대로, 99% 가깝게 복원 가능하다. 1960년대 초 해체 · 복원 과정을 지켜 본 나로서는 더욱 자신 있다. 필요한 나무도 구할 수 있다. 안면도에 서식하는 황장목黃腸木 양송(陽

松: 양달에서 자라 단단하고 송진도 많은 소나무)이 그것이다. 고생 많이 한 나무라 강하다. 다시 세운다면 600년 이상은 족히 간다.

－바람직한 복원은 어떻게 이뤄져야 한다고 보나.

문화재기능인협회 회장으로서 말한다. 남대문 복원 사업은 5,000 장인들 누구나 참여를 염원하는 대사업이다. 특정인 얼굴만 비출 일은 아니다. 수작업, 전통기법 고수라는 원칙을 철저히 지켜야 한다.

원로 장인을 비롯, 희망자라면 다 참여토록 해야 할 것이다. 특정인의 영리는 물론, 얼굴 비추는 데 이용돼서는 절대 안 된다. 이 기회에 문화재 관계자들도 양심에 따라 자퇴 등 거취를 확실히 밝혀야 할 것이다. 우리 장인들이 집 지어 관료한테 관리시킨 건데 관리 잘못했으니 관료들도 죄가 있다.

－당신이 복원 사업의 지휘자로 지정된다면.

대목장은 18개 직종(편수)의 우두머리, 총관리자다. 예부터 대목장은 중인으로서, 종1품 당상관까지 갈 수 있었다. 남대문 복원은 석공, 단청, 미장, 목공 등 어느 하나라도 소홀히 못 할 일이다. 도편수는 소목(가구), 생활건축의 설계까지도 일일이 지시·관리하는 것은 물론, 자재의 중량과 움직임 등 역학구조까지 모두 계산한다.

600년 전 선조들이 소중히 남긴 유산에 불이 났으니, 죄스러운 마음에서라도 혼신의 노력을 기울일 것이다. 남대문 복원 사업은 지금 대목장 자격을 가진 3명(전흥수 · 신응수 · 최기영) 가운데 한 사람의 몫이다. 모습은 물론 기법까지, 99% 원형에 가까워야 한다는 소신에는 변함이 없다. 자재 선별과 건조가 가장 중요하다. 다행스러운 것은 설계도와 사진 등 관련 자료가 비교적 풍성하다는 점이다.

─소요 예산은.

성곽도 있지만 건축 복원이 가장 크다. 모두 200~300억 원은 책정돼야 할 이 사업에서 특히 중요한 점은 전 과정을 영상 기록으로 확실히 남겨야 한다는 사실이다. 부여의 백제 건축 재현 공사 때, 그 같은 원칙을 처음 세웠다.

─복원의 기초 작업은 어떤 순으로 이뤄지나.

민저 문화재청에서 유구를 조사하고 자재를 보관한 뒤 사용 가 · 불가를 판정한다. 특히, 성곽에 물이 들어갔으니 변형 여부에 대해 철저하게 진단해야 한다. 이어 설계와 공사의 금액을 산정한 뒤, 준비해둔 목재를 규격과 수량에 맞게 켜고 다듬어야 한다. 사실 가장 중요한 것은 설계보다 대목장을 누구로 할 것이냐의 문제다.

－최근 CF에도 모습을 비쳤는데.

'이 녀석아, 이음새 하나가 1,000년을 가는겨' 라는 말은 내가 촬영 현장에서 넣자고 한 말이다. 당시 성우가 겨우 40대라 목소리가 맞지 않는 것 같다는 '광고장이'의 말에 내가 나선 것이다. 대학과 기업체 특강도 간간이 한다. 삼성그룹, 차문화협회, 고려대, 명지대 등 올해만 5차례 했다. 전통 건축의 흐름, 역사적 기능, 왜곡상, 시대적 흐름에 다른 멋의 변천 등에 대해 강의했다.

－강의는 주로 어떤 내용인가.

제도 · 설계 · 그림 · 조각 등 사원 건축에 필요한 모든 지식부터 익힌 나는 학생들에게 우리 전통 건축이 세계 최고라는 점을 강조한다. 철저히 자연 소재라는 사실뿐 아니라, 항상 생활공간을 염두에 뒀기 때문이다. 황룡사지 9층 목탑도 그 안에 사람이 살 수 있게 했다. 중국 · 일본 것은 건축 구조물에 불과하지만.

－조선시대 이외의 건축도 관여하나.

부여의 백제 재현 단지도 만들었다. 송나라 영조 시대의 건축 기법인 하왕식 기법에 대한 고증 문제를 한 신문이 문제 삼아 '이음매가 맞지 않다' 며 사진까지 싣는 바람에 결함이 있는 것처럼 보이기도 했다. 결국 나

백제 역사 재현 단지

중에 내게 사과하고 해명 기사까지 게재했지만. 신라권으로는 경주 왕릉 앞 다리인 월정교 복원이 6개월째다.

황룡사지 9층 목탑은 유구, 관련 기록, 벽화 등에 따라 초석 고증 작업 중인데, 해 온 것 중 가장 힘든 복원 작업이다. 백제 건축 복원을 한 경험 덕에 집의 척R수, 건물 구조와 배치 등이 추측 가능하다.

−언제 가장 힘들었나.

17살 때 엄격하기 짝이 없던 분위기에서 목수 일 배울 때, 6 · 25로 굶

주렸을 때는 무밥이나 돼지비계일지라도 배부르게만 먹고 싶었다. 밥만 먹여 주면 일했다. 남 잘 때 안 자고 일했다. 우리 장인들은 없이 살았고, 무지하다. 잘 배우고 최고로 부귀를 누리는 엘리트들보다 처진다. 그들보다 100배는 열심히 해야 그 차이가 메워진다.

올바른 장인은 그렇게 해서 만들어지는 법이다. 전통 장인들은 바로 그 과정을 거쳤다. 남이 잘 때 일하는 게 장인이다. 강인한 의지를 가져야 이겨나갈 수 있는 일이다. 엘리트보다 복을 덜 타고 난 인간들이므로 항상 부지런히, 열심히 해야 한다는 믿음으로 살아왔다.

− 언제나 점퍼 차림인가.

기능인은 분수를 알아야 한다. 대목장, 기능인협회 회장이라고, 인간문화재라고 해서 분수 모르면 망가진다. 점퍼 입고 내 몸도 낮춰야 돈도, 이득도 온다. 높은 데는 바람 탄다.

− 인간문화재로 지정되고 보니.

문화재 값을 하는, 즉 만인이 존경할 수 있는 움직이는 문화재가 돼야 한다는 생각이다. 오직 정도正道만이 원칙이다. 그런데 자유롭게 살다가 문화재라는 데 얽매이니 너무 무거워졌다.

"우리 목수들은 말할 때도 구조적, 왜곡된 일어표현 범람 개탄 … 용어사전 표준화 서둘러야"

수더분한 인상이지만 일단 일에 들어갔다 하면 사람이 바뀐다. 최기영 씨는 "우리 목수들은 말할 때도 구조적"이라고 했다. 잔심부름, 아궁이 불때기, 나무 나르기, 켜기, 대패질을 스스로 체득하며 나무, 흙, 기와 등의 원리를 깨우쳐 나가며 그렇게 바뀔 수밖에 없었다. 선배들은 가는 길만 가르쳐 줄 뿐, 나머지는 스스로 짜야 했던 세월이었다.

마름질(나무를 선별하는 일), 바슴질(톱으로 자르고 따내기), 이음새(천년을 버티게 하는 기술의 요체) 등은 기능과 예능이 겹친 일이었다. "예능이란 크기, 장소, 기능에 따라 다른 시각예술이란 점에서, 기능이란 역학에 따른 골조란 점에서 그렇죠." 과연 구조적 설명이다.

그는 2006년부터 한국문화재기능인협회, 한국전통문화학교와 함께 '전통 건축·공예 용어 표준화 사업'을 펼치고 있다. 그중 전통 건축·공예계로 깊이 침투한 일본어의 문제는 일반인들에게도 많은 점을 시사한다. 그릇을 빚는 발물레는 '로구로'에, 쇠를 녹이는 전통의 가마는 '노보리' 가마에, 줄이나 끌은 '야스리'나 '기리'에 자리를 내준 지 오래다. "대학생들이 종종 자문을 구할 때 건축 용어를 일본말로 하는데, 참으로 개탄할 노릇이지요." 왜곡된 일본 용어가 너무 깊이 스며들어 있어 젊은이들은 그것들이 아예 우리 고유의 말인 양 착각할 정도라는 지적이다.

그래서 당장 필요한 것이 용어사전이다. "파벌에 따라 말이 달라지니 그것을 해소하기 위해서라도, 국가적·객관적 차원으로 진행돼야 할 사업이죠." 표준화 작업의 객관성을 위해 학술회의 등 전문가들의 참여는 필수적이다. 한국전통문화학교 전통미술공예과 최공호 교수 등 전문 인력이 자문진으로 함께한다.

1945년생. 중요무형문화재 제74호 대목장大木匠으로 옥관문화훈장(2004), 문화재기능인협회장(2008)을 수상하였으며, (주)삼보특수목재 이사로 재직 중이다.

"난, 맨날 맹글어야 하는
전천후 노무자"

무대미술가_ 이병복

중견 사진작가 김용호 씨가 2003년 낸 사진집 『한국문화예술명인』에 포착된 그는 역시 독특했다. 널찍한 판형에 고감도 흑백 영상으로 포착된 그의 모습에는 귀기鬼氣가 넘친다. 거장스러운 품격에, 거장다운 미소를 머금고 있는 다른 사람들을 일순간에 무너뜨리려 작정이라도 한 표정이었다. 제멋대로인 머리카락, 날카로운 눈매와 노동으로 단련된 근육질의 팔⋯. 뭇 남자들이 기 죽을 판이다. 장충동 작업실에서 만난 무대 뒤의 막노동자, 이병복 씨는 여전하다. 1966년 탄생한 극단 자유는 2006년 그가 대표 자리에서 물러나자 해체됐다. 무려 40년 동안 극단 대표로 자리를 지키며 온갖 풍상을 막아낸 그는 "평생 연극 뒷바라지만 해 세상일은 전혀 모른다"고 했다. 그 한마디 던지고 곧장 하던 작업으로 돌아갈 태세다. 인터뷰 대상자로서는 문제적 개인이지만, 묘한 영기가 사람을 잡아끈다. 때로는 넋두리하듯, 때로는 지청구하듯 그는 정밀한 기억력으로 지난 시간을 반추해 냈다. 반 세기 연극 활동을 돌이켜 보니 반성할 점이 무엇인가, 하고 물었다. "매너리즘에 빠져 도약의 기회 놓친 것"이라는 답이 곧 돌아왔다. 그러나 매 작품이 전투의 결과가 아니었던가. 그는 프랑스 이야기가 나오면 불어를, 이야기에 신이 나면 고향인 경상도(영천) 사투리를 서슴없이 썼다.

다시, 길을 떠나다

-요즘 작업은 어떻게 하나.

나는 1년 내내 맹글어야 하는 전천후 노무자다. 남편(화가 권옥연)과 세운 '무의자 박물관'에 나가 살다시피 하며 거의 매일, 아침에 가서 오후 내내 일한다. 맨날 (탈을) 주무르다, 부쉈다 다시 만든다. 나는 한지가 좋다. 한지 작업 아니면 연극 현장이다. 거기 안 갈 때는 여기서 연극의 뒷일을 한다. 종이 주무르고 탈 만들지만, 젖 한 모금도 못 얻어먹는 일이다.

- '무의자'는 무슨 말인가.

'벌거벗은 아들(無衣子)'이란 뜻인데, 사실 굉장히 건방진, 철학적 얘기다.

-왜 한지를 고집하나.

부드러우면서도 질긴 생명을 지닌 한지에는 정신이 있기 때문이다. 귀신 붙은 것 같이, 거기서는 오만 이야기가 다 나온다.

-어떻게 한지를 발견하게 됐나.

극단 자유의 창단작 「따라지의 향연」 공연 때 배우가 70여 차례나 옷을 바꿔 입어야 했는데, 제작비 절감 차원에서 한지에 덤볐다. 혼이 나도록 시행착오를 겪었다. 그러다 한지 작업을 본격화한 것은 1988년 민비를 그린 「수탉이 안 울면 암탉이라도」부터다.

—한지가 그렇게 매력 있나.

한지에는 정신이 있다. 귀신이 붙은 것처럼⋯. 거기서 오만 얘기가 다 나온다. 부드러우면서도 질긴 생명력 또한 매력이다.

—창단 40주년 때 극단이 해산한 이유는.

실은 80살 때 연극 그만두고 남양주로 간다 했는데, 질질 끌다 보니 그렇게 됐다. 거죽으로 보면 모가 나 있지만, 나는 사실 속은 물러터진 사람이다. 단원들은 1년 만이라도 더 해 달라고 했으나, 내 일 하겠다고 거절한 것이다.

—어떻게 만든 극단인가.

해방 전 전문학교 다니다 이후 이대 영문과에서 '여인소극장'이란 극단을 만들어 2년 반 동안 배우·스태프로 뛰던 중 전쟁이 터졌다. 부산으로 피난 갔다 결혼한 뒤, 아이 둘은 시어머니께 맡기고 남편과 4년 동안 프랑스 유학을 했다.

나는 소르본대, 남편은 조각연구소에서 1957~1961년에 있었다. 당시 프랑스 친구들과 여전히 교류하는데, 장님 된 친구도, 원로 언론인 된 친

구도 있다.

1962년 귀국하고 보니 전 재산이라고 달랑 20불이었다. 아이들 먹이려 가위 들고 정신없이 재봉일을 해야 했다. 그러다 '내가 이게 뭐야. 연극할 년이'라는 생각이 퍼뜩 들었다. (연극) 동지 찾아보니 전쟁통에 뿔뿔이 흩어져버려 고민하던 중에 연출가 김정옥 씨를 만났다. 파리의 연극인 장루이 바로 부부가 했던 것처럼 우리도 둘이서 만들어 보자 합의했다.

-왜 '자유'인가.

기성의 스타일에 구속받지 않는 진보적 연극으로, 관객들이 즐거워할 수 있는 무대를 집단창조 방식으로 만들어 낸다는 목표였다. 1978년 장승 민담을 근거로 김정옥 씨가 구성·연출한 「무엇이 될꼬 하니」에서 집단 창작 방식을 처음으로 시도하면서 진짜 자유의 색깔을 냈다. 자유와 파격 의 무대에 국내 연극계가 많이 놀랐다.

-당신이 생각하기에 대표작은.

「노을을 나르는 새들」(1992)이다. 무대를 모두 종이로 만든, 나의 혁명 작이다. 남자에게는 한국의 독, 여자에게는 항아리 모습을 한 의상을 입 혔다. 또 일상적 치마저고리 아닌 모습의 옷을 입은, 사람의 형상을 한 종 이인형을 특별한 이름이나 의미부여 없이 무대에 주렁주렁 달아 놓는 시 도도 했다.

특히 유럽에서 호응을 받았는데 그 사람들은 우리가 고대 그리스 연극 의 코러스를 따라한 것으로 이해하더라. 그러나 그런 것과는 절대 무관한, 나의 생각에 의한 무대다. 「수탉이 안 울면 암탉이라도」에서 처음 썼던 종 이옷의 매력을 발산한 작품이었다.

-연출 작업을 거의 도맡다시피 한 김정옥 씨는.

우리 둘은 물과 불이다. 그는 대단히 논리적이어서 감각적인 것은 볼 줄 모른다. 그럼에도 그렇게 오래 함께할 수 있었던 것은, 작품이 끝나면 그간의 미학적 대립은 모두 없던 일로 되기 때문이다.

기획적 능력이 뛰어난데다 작품에서 성실하니 딴 말이 필요 없다. 당시 연극에 미친 사람들은 참으로 순수했다. 요새처럼 실리적으로 변한 연극판이었다면 우리 두 사람 같은 관계는 아예 불가능했을 것이다.

−요즘 연극판을 어떻게 보나.

완전 뮤지컬판 아닌가. 한국은 일본처럼 연극과 함께 신파, 가부키가 공존하는 데가 아니다. 한국은 유니폼 민족이다. 뭐 하나가 잘 되면 너도 나도 똥파리처럼 붙어 간다. (내가) 한국적 뮤지컬을 개척했어야 했다.

−한국적 뮤지컬이란.

본능적으로, 브로드웨이식 뮤지컬은 싫었다. 우리가 했던 「따라지의 향연」, 「피의 결혼식」 같은 외국 작품이 해외에서 성공한 것은 한국적 각색 때문이다. 그러나 거기 머무르지 않고 판소리, 마당놀이 같은 자산을 이용해 우리 뮤지컬 개발을 시도했어야 하는데 나이만 먹었다. 어디 내놓도 외국인들은 흉내 못 내는 우리의 정체성이 있어야 세계 시장에서 생명력이 있는 것이다.

남양주 한옥마을에서 왕자 호동을 주인공으로 한 「둥둥 낙랑둥」(1980)을 끝낸 뒤부터 꿔 온 꿈이다. 김덕수 사물놀이와 새 음악을 찾고 있던 피

아니스트 임동창 씨가 흔쾌히 합류, 소설가 최인훈 씨의 「어디서 무엇이 되어 다시 만나랴」를 상연할 때 음악을 맡았다.

명동극장서 초연 당시는 파리만 날렸는데, 한 연극상을 타고 나자 미어터지더라. 공연 마지막 날, 결국 쓰러졌다. 하도 커피를 마셔대 위에 구멍이 뚫렸다더라. 지금 나는 돈도 시간도 없고 몸은 늙었다. 너무나 아쉽다.

– '옷굿' 무대가 그에 대한 답이었나.

진오귀굿 하듯, 내 새끼들(옷) 좋은 데 보내려고 펼친 굿 무대였다. 그간 대표적 무대에 등장한 종이옷 40여 벌을 배우들이 입고 마임 연기를 펼치다, 옷을 잘 개서 저승길로 보낸다는 내용이었다. 종이로 만든 상복 입고 진혼식을 펼치는 코러스는 거의 나체였다. 정말 내 예술의 매듭을 짓는 느낌이었다. 무대 옷은 내 자식이다. 내가 손수 만든 내 자식들을 함부로 대하지 않는다는 것은 극단 자유의 불문율이기도 했다.

–40년간의 작품들을 모아 펼쳤던 2006년의 '없다' 전시회 뒤에는 옷을 태워버렸지 않은가.

거의 반은 태웠다. 일꾼들 데리고 '쓰레기 태우듯, 망자의 옷을 불사르듯' 태웠다. 현실적으로는 작품들을 모아 후학들에게 보여 줄 수 있는 공간이 없어서 그랬다. 한국에 미술관, 박물관은 숱하게 있는데 연극쟁이만

박물관이 없는 거라. 공산권과 수교가 이뤄져 체코, 폴란드에서 열렸던 세계무대미술협회 총회에 갔던 적이 있다.

볼펜 한 자루 살 데도 없던 그 가난한 곳에, 폭격 맞아 폐허 된 건물을 복구해 연극박물관으로 전용한 것을 보니 눈물이 펑펑 나더라. 그렇게 세월 흘렀는데, 한국에는 연극만 박물관이 없다. 연극인들이 제일 못났구나, 능력 없구나 싶다.

연극배우 출신 장관이 둘이나 나왔는데도…. 핸드폰 쓰는 것은 세계 1등일지 모른다. 뼈대부터 선진국이 돼야지. (지금 우리는) 벼락부자가 멀쩡한 이 뽑아 금이빨 한 형국이다. 선진국이니 뭐니 그런 얘기 함부로 하지 말자.

–강의 요청도 있었을 텐데.

물리쳤다. 나는 아무도 없는 데서 혼자 일하는 게 제일 좋아. 그렇게 사람 싫어하는 데도 연극 집단에만 가면 신난다.

"고택 8채 복원해 설립 꿈, 자금난으로 지지부진 상태… 정부 최소한 관심 가졌으면"

이병복 씨의 꿈은 경기 남양주시 금곡동 '고택 연극박물관 단지'에 있다. 그는 "저놈의 금곡에 죽기 전에 설거지라도 옳게 해야 되겠다고 연극 때려치웠는데 돈이 없으니 기가 차다"고 했다. "(금곡 일 하느라) 독수리 발톱 다 됐다"며 거친 손을 펴 보였다.

전국에서 비슷하게 생긴 고택을 8채 사서 해체·복원, 박물관 인가까지 받아둔 터다. 그러나 제대로 손을 못 보다 보니, 지금은 비조차 긋지 못한다. 그는 "나는 지금 한계점"이라며 몇 백 년 버틴 고택들이 자기 탓에 주저앉을까 노심초사다.

가장 한국적인 것이 가장 세계적이라는 믿음으로 1960년대 후반 아파트를 팔아 산 '궁을 집'이 그 시초였다. 궁집은 조선 영조가 못사는 지아비를 만난 막내딸 화길옹주에게 지어 준 집이다.

당시 주한 미국대사관, 고급 요정 등이 궁집의 입찰 경쟁자로 나섰으나 앞으로 박물관을 하겠다는 이씨의 팔이 올라간 것이다. 이후 금곡 땅으로 모인 정통 한옥들은 다도 강습, 시낭송, 공연 등의 목적에 맞게 배치돼 있는 상태다.

1979년 이후 극단 자유의 해외 공연을 계기로 세계 문화인들에게 본격 소개되기 시작한 일종의 '소규모 고택 단지'다. ITI(국제연극협회) 총회 등 국제회의를 그곳에서 개최하자, 외국인들은 "한국의 숨은 보석"이라며 감탄했다. 88올림픽 전에는 국제무대에서 존재감도 없던 한국이 국제 무대 예술계에서 주목을 끈 데는 분명 고택의 역할이 컸다는 문화계의 평이 따랐다.

그러나 이제는 주무부서도 바뀌는 바람에 그의 마음은 애물단지가 된 자식 보듯 속만 아리다. "정부에서 최소한의 관심이라도 가져주길 바라는 마음이에요."

남편인 중진 화가 권옥연 씨는 비판적 동지다. 이 커플은 되도록 접점을 없애려 한다. 눈 뜨면 권씨는 2층 아틀리에, 그는 잡동사니 가득 찬 4층 작업실에 틀어박힌다.

서로의 작품에 대해 피차 가혹한 비판자임을 아는 터라, 아예 못 오게 한다는 것이다. 그림을 팔아 금곡을 조성해 놓고 관리는 나 몰라라 하는 남편을 두고 그는 "숫제 원수"라고 했다. 인터뷰 당일, 남편은 일찌감치 밖에 나가고 없었다.

1927년생. 무대미술가로 제52회 대한미국예술원상 연극영화무용 부문(2007), 비추미 여성대상(2001)을 수상하였으며, 극단 자유 대표를 역임했다.

"우리 것이 최고란 의식 탈피하고
너도 나도 아는 보편적 그림 찾아가야"

한국화가_ 송수남

노장의 변신은 무죄인가? 우리는 동양화가 송수남이라는 큰 텍스트의 일부만을 보고 자기가 본 게 옳다고 하는 장님은 아니었을까? 수묵 추상의 정점에서 노닐던 그가, 채색이라는 예기치 못한 강펀치를 작렬하고 있다.

2008년 인사동에서 펼쳤던 개인전에 이어 부산에서 가졌던 그의 전시회도 수묵 아닌, 녹음방초 그득한 환희의 세계였다. 그는 호방하게 웃고, 견결하게 말한다. 언어의 혼종성이 극에 달해 글로도 수다를 떠는 지금 세상, 수묵의 정신을 구현하듯 언어를 아끼던 그는 다행히 침묵하지 않았다. 은근한 메타포는 여전했다.

다시, 길을 떠나다

－최근 선보인 채색화는.

원래 서양화를 해 왔던 만큼, 수묵 하다 지루할 때면 10여 년 전부터 조금씩 해 왔다. 본격적으로 수묵과 채색을 병행한 것은 5년 전부터다. 눈을 회복하기 위해 다양한 색을 찾아 피난간 셈이다. 요즘은 수묵과 채색을 병행 중이다. 주로 꽃 그림인데, 머릿속의 것을 그대로 뽑아 올린다. 꽃의 문인화인 셈이다.

－2002년에 열었던 전시회 '안의 구조와 깊이'와 대극에 서는 것 같다. 당시 전시회는 수묵 추상의 정점을 보여 주는 듯했다.

순간순간 정성을 다한 결과다. 꼼꼼히 명암을 생각 않고 그렸던 그 그림은 문인화적인 팍팍한 느낌을 강조한 것인데, 집에다 갖다 걸어놓은 사람들이 다들 좋아한다. 책가도冊架圖를 연상케 하는 그림이 시원하고 좋다면서.

－다음 전시회는 어떻게 구상 중인가.

「그리운 금강산」이란 테마로 수묵화 전시를 생각 중이다. 가보고 와서, 그 느낌으로 그릴 작정이다. 4년 전 샌프란시스코박물관에서 내 금강산도를 한 번 사 간 적 있다. 그 그림은 내가 구체적 현장을 그린 마지막 작품이다.

–미술품을 돈으로 보는 시대다. 고가 미술품에는 이전투구 식의 진위 시비까지 겹쳤는데, 미술 작품의 미래는.

한국인들은 장식성을 선호한다. 화초 키우는 것과 똑같다 생각하면 된다. 수용자가 있으니 생산자가 있는 게 아니냐.

–가장 힘들었을 때는.

물론 그림이 안 될 때다. 실제로 그것은 반복되고 순환하는 문제다. 1969년 신문회관에서 했던 전람회의 그림이 가장 애착이 가는데, 어쩌다 보니 모두 없어졌다.

–당신이 주창한 '한국화'란 개념에 대한 지금의 생각은.

우리 것이 최고라는 식을 탈피한, 보편 타당성을 찾아가야 한다. 그렇다고 해서 세계적인 것만 찾아가는 것 역시 바람직하지 않다.

–그렇다면 세계적 명화를 사들이는 것이 문화적 향유라며 긍정적으로 봐야 한다는 견해는 어떻게 보나.

그 같은 주장 때문에 한국 작가들의 괴리감, 심리적 박탈감이 있을 수밖에 없다. 결국 다시 말해 '너도, 나도 아는 그림', 즉 보편 타당한 세계적 그림으로 나아가는 길이 돼야 한다.

—순수 회화 이외의 관심은.

재주 없으니…. 이거라도 끄적거리니 얼마나 다행이냐.

—젊은이들과 커뮤니케이션은.

제자가 많으니 전람회 일 등등으로 1주일에 절반 이상은 그들과 부대
낀다. 한국 화단에서 활발한 활동을 벌이고 있는 제자가 400여 명이 있다.
그러나 무슨 모임 하자는 제의를, 패거리 만들지 말라고 반대했다. 내가
(그런 단체와 관여할) 능력도 없고…. 무슨 무슨 학파라는 게 결국 제 힘 부
족하니 기대려 하는 것 아니냐.

—당신 그림의 고도의 추상성에 담긴 의미는.

나이 먹을수록 몸은 가볍고, 생각은 단순·소박하게 하고 싶다. 그림도
그렇게 돼야 한다는 생각이다. 설명이 많을수록 뜻은 전달되지 않는 법
아닌가.

—신문에 칼럼을 연재하기도 했다. 요즘도 글 계속 쓰나.

수필집, 논문, 화론 등 책 10여 권 냈다. 『두고 온 고향』, 『한국화의 길』,
『수묵 명상』 세 권이 대표작이다. 나는 평소에 항상 뭔가 끄적거린다. 요
즘은 담담하고 소박한 얘기로, 아주 단순한 책을 구상 중이다. 컴퓨터는

하고 싶지도 않다.

친구들은 독수리 타법일지라도 (컴퓨터를) 하라 하지만 나는 그런 것 따라하지 않는다. 큰 소리 내지 말고 조용히 사는 게 천국 가는 길이다. 「고문진보」 같은 옛 글이나 큰 스님들(탄허, 성철 등)의 책을 많이 본다.

기독교 집안에서 태어났지만 불교 쪽으로 관심 많다. 없으면 없는 대로, 있으면 있는 대로 살아가는 것이 인간을 편안하고 여유롭게 만든다. 부질없다는 말을 커버할 수 있는 것이 그런 정신이다. 한하운의 시에 '한 번밖에 없는 자살을 아낀다' 는 말도 있지 않은가.

사람은 처음부터 끝까지 운명이다. 태어날 때, 죽을 때는 자기 의지가 아닌 것처럼 일의 발생, 전개가 다 운명적이다. 어떤 생각을 하게 된 동기, 과정이 다 운명이다. 수묵의 정신이 그런 것이다. 수묵은 '없는 것'이다. 시적인 것, 선禪적인 것은 나의 인생이었다.

—동양의 정신세계 또는 수묵과의 인연은.

3학년(홍익대)까지 서양화 공부하다 군대 가서, 4학년 때 동양화로 바꿨다. 당시 명동, 을지로는 황량하기 그지없었다. 한국전쟁 이후의 암담한 사회상 아래, 이기영 선생의 불교철학 강의를 듣고 큰 감명을 받았다.

—어쩌다 수묵화에 집중하게 됐나.

「산수」

　나는 그리고 싶은 대로 그려왔다. 내 그림에 이념이나 철학은 없다. 수묵화는 하다 보니 그렇게 된 것이다. 청전(이상범), 운보(김기창) 등 홍익대에 기라성 같은 선생님들이 많았다.

　－성공했다고 생각하나.

　내 생각대로 잘 살았다고 생각하지는 않는다. 내가 한국 동양화계의 거성이란 것도 남의 시선일 뿐이다. 엉터리를 진짜로 하는 사람이 많다. 엉터리 그림 그려놓고 최고인 양 나불대는 사람들이다. 사람은 자신의 상황에 대해 항상 반성, 탐구, 노력해야 한다. 사람은 더불어 같이 사는 거다. 사회도 그러하듯 그림도 다양해야 한다.

-통일 이후를 대비해야 한다는 것은 시대적 요청이다. 북한의 한국화는 어떻게 평가하나.

이념에 경도된 점은 비판받아 마땅하다. 단 부자유스런 상황에서 나온 그들의 기교는 인정해야 한다. 통일은 상당한 시간이 걸릴 것이다. 지금 통일이란 이념주의자들의 얘기로 돼 버린 느낌이다.

-한국 현대사의 질곡과 한국인에 대한 생각은.

역사에 대한 망각이 심하다. 비참의 극이었던 6·25를 잊지 않고, 긴장하고 자숙하며 살아야 한다. 4·3사건, 광주 등을 깨끗이 해결짓지 못한 것은 세계적 수치일 뿐 아니라 죄악이다. 우리(남과 북)가 반성해야 할 문제다.

-사제 관계도 궁금하다.

나의 세계는 너무 확고해 딴 세계가 필요 없다. 같은 이치로 나는 제자들의 화풍에 절대 간섭하지 않는다. 자연히 두면 뭔가 된다. 학부 때 걱정스럽던 학생들도 결국 자기의 그림을 그리듯.

―더러 고립감은 안 느끼나.

산다는 게 외로운 거 아니냐. 외로움은 자기 성숙의 방법이다.

―지금 가장 중시하는 것은.

자연(환경, 간편, 단순), 가족(가정해체)이다. 나의 수묵화는 지금까지 결국 그것들을 이야기한 것이다.

―건강은 어떤지.

무릎이 아프고, 나이 드니 기분이 맑지 않다. 새벽 4시에 기상, 밤 10시에 취침한다.

―돌이켜 보면 아쉬운 점은.

없다. 왜정, 8·15, 6·25, 4·19 겪고 살아 있다는 것만으로도 감사하다. 늙어서도 할 수 있는 것에도 감사하다. 별 취미도 재주도 없이 그림만 그린다. 친교를 나눈 박재삼, 박성룡 등 시인들이 지병으로 먼저 갔다.

송수남은 …

"소정·청전·운보의 한국화론에 소아병적으로 집착할 필요 없어, 자기 그림이라 내세우기보다 다양화된 시대 받아들여야"

1980년대, 송씨는 '한국화韓國畵'라는 개념의 효시를 쏘아 올려, 우리 동양화의 주체성과 정신을 새삼 환기시켰다. 그러나 포스트모더니즘과 세계화라는 격랑을 거치고 있는 이 시대, 한국화란 과연 여전히 유효한 개념일까?

그는 "보편 타당하면서 동시에 구체적인" 한국화를 이야기했다. 현실적으로 그것은 최근 중국, 일본의 동양화에서 일고 있는 풍조에 대한 경계의 의미가 크다. 그는 중국 동양화단에서 부는 새로운 바람을 두고 "거대한 시장을 업고 밀려오는 중국의 화풍은 더러 혐오스럽기까지 한 구석이 있는데, 일시적 현상"이라며 지나친 확대 해석을 경계했다. 그쪽에서 공동 전람회 요청도 들어오지만 건강상의 이유를 들어 거부하는 것도 유사한 맥락이다.

그는 "모두 세계화된 마당에 한국화를 이론적으로 성립시키기 힘든 것이 사실"이라는 전제 하에 "한국화라는 말 속의 무한한 지평에 주목해야 할 것"이라고 요청했다. 그는 한국화의 대가로 소정(변관식), 심산(노수현), 청전(이상범), 운보(김기창), 산정(서세옥) 등을 꼽으면서 "그들이 굳이 여백으로 남겨 둔 '한국화론'에 소아적으로 집착할 필요가 없다"고 했다. 중국과 일본에도 굳이 자기만의 그림이라는 주장이 없는 만큼, 다양해진 시대를 받아들여야 한다는 것이다.

지금은 유연해진 입장이다. 그는 "내가 한국화라 한 것은 좁은 세상을 말한 것이지만 지금은 외국 농산물이 9할 가까이 차지하는 세상"이라며 "한국화란 것도 새로운 경계 정립이 필요하다"고 말했다. 그러나 개념의 폐기는 아니다. 오히려 그의 주장은 더욱 세련되고 정교한 개념의 정립을 요구한다.

다시, 길을 떠나다

그는 "우리의 분청사기나 목기 등에는 분명 한국의 미가 있다"며 "그 단순, 소박, 간결함
이 시대에 맞추고 조응하며 자기를 주장하는 것"이라며 후학의 분발을 요청했다.
그런데 시대가 녹록지 않다. "먹을 쓰는 과(동양화과)가 자꾸 없어져 가, 안타까워요. 홍
익대에서도 조형미술과로 합치자는 움직임이 있다 하고…."

1938년생. 한국화가로 스웨덴 국립중앙박물관 초대 개인전, 서울미술대전 운영 위
원, 전 홍익대 미술대 동양학과 교수를 역임했다.

"작가의식 꿈틀대는
저예산·비상업 영화가 희망"

영화감독_ 이장호

이장호. 그를 마주하니, 시간은 속절없이 역행한다. "경아, 오랜만에 같이 누워보는 군." "아저씨, 추워요, 안아줘요" 최인호(원작)와 이장희(노래), 신성일(문호 역)과 안인숙(경아 역)이 암울한 1970년대와 함께 달려들 것만 같다.

1974년 한국인의 감성에 거대한 균열을 일으켰던 영화 「별들의 고향」이 바로 그의 메가폰에서 나왔다. 영화 속 촌스럽게 느껴지는 대사는 지금 팔팔 뛰는 패러디의 단골손님으로 변해 21세기와 소통한다. '감수성의 혁명'의 한가운데에 있었던 그도 어느덧 6순이다.

영화판에서 잔뼈가 굵은 그는 웃자란 우리 영화에 대해 걱정하면서도, 변화의 싹을 긍정했다. 최근 막 내린 오페라 「내 잔이 넘치나이다」의 연출 때문에 눈코 뜰 새 없던 그를 만났다.

다시, 길을 떠나다

-영화감독으로만 당신을 아는 사람들에게 오페라 연출은 낯선 변신이다.

2000년의 「황진이」가 첫 오페라 연출작이었다. 역사성 강한 이번 오페라에서는 내 정신적 성숙을 느낀다. 6·25 당시 삶의 모습, 국제 상황 같은 것까지 고려했다. 나의 현존을 위해서는 부모, 조상의 시간이 필요했다는 사실과 내가 '철부지'였다는 점을 깨닫게 됐다. 국립극장에서 재공연도 한다. 진화하는 예술의 매력을 보여 주겠다.

-무대 작업이 재미있는 모양이다.

이제 영화와 무대를 병행해 보고 싶다.

-「쉬리」, 「태극기 휘날리며」에서 「워낭소리」까지 10여 년 동안 극심한 부침을 겪은 한국 영화판을 어떻게 보나.

사실 지난 40년간 영화판에서 무수하게 보아왔다. 길게 보자. 미국 영화의 예가 있다. 파라마운트나 MGM 같은 대형 제작사들이 도산하자 뉴 아메리칸 시네마의 혁명이 일었지 않느냐? 할리우드 LA가 아니라 뉴욕서 일어난 그 운동으로 「졸업」 등 소편성 영화가 돌파구를 뚫었다.

지금 우리는 저예산·비상업 영화에 초점을 맞출 때다. 돈만 벌려고 영화를 하다 보니 작가적 의식은 사라지고, 조폭·코미디 영화로 너도나도 몰렸다. 관객은 식상했고 시운도 다했다. 자본으로부터 자유스럽고, 작가의식이 최대의 관건인 저예산 영화는 분명 새 가능성이다.

―경제난까지 겹쳐 영화판의 위기가 심상치 않은 것 같은데.

이번 침체는 제법 오래 가면서도, 영화 내적으로는 작품이 진지해지는 계기로 작용할 것이다. 돈 보고 영화판 온 사람들 다 떠나고, 작품만 생각하는 사람만 남을 것이다. 해외 영화제에서도 이전에는 비경쟁·초청 부문으로 제한, 소외돼 온 한국 영화가 앞으로 본선·경쟁 부문으로 눈을 돌리는 계기가 되리라 본다.

―구체적 계획이라도.

저예산·고예산을 떠나 이제는 작품성으로 승부 걸 생각이다. 2010년 6월 전주 문화산업대 영화 전공 교수의 임기를 완료한 뒤 본격 착수할 계획인데, 백제를 배경으로 한 역사 판타지 「백제의 혀」를 그 신호탄으로 잡고 있다.

전라도 음식과 독毒에 관한 내용인데 「올드 보이」의 각본을 맡은 황조윤이 쓰고 있다. 순 제작비가 40~50억 원으로 마케팅까지 70여억 원의 예산이 든다. 나는 구체적으로 기획, 시나리오를 맡고 투자자를 '땡길' 것이다.

다시, 길을 떠나다

－영화 제작 시스템이 바뀐단 말인가.

대기업 투자란 작품 하청에만 관계할 뿐, 소유권은 없다. 현재는 배급·투자자가 소유권을 갖는다. 시네마서비스, 사이더스 등이 제작한 영화는 인건비만 챙긴다. 나는 내 제작 영화의 작품 소유권, 저작권을 갖는 제작자라는 원칙을 세우고 싶은 것이다. 옛날에는 흔했으나 1990년대 초부터 그렇게 관행이 돌변했다.

－복안이 있는 듯한데.

나는 저작권까지 소유하는 옛 방식을 재현하고 싶다. 그렇게 되면 투자자는 투자하고 이익 남기는 선까지만 판권을 주장, 그 이후는 내 판권과 연출권으로 돌아오게 된다. 극장 수입, 해외 판권, DVD 판권이 주인 현재 영화산업 시스템 하에서는 관례적으로 개봉 후 5년이 되면 더 이상의 수입은 없다는 것이 통설이다.

－대기업 중심의 기존 영화 제작 관례에서 저항이 만만찮을 텐데.

배급업자의 투자로 극장이 돌아가는 현실의 횡포적 관행에 나는 결국 몸으로 때우더라도 저항하는 수밖에 없다. 어려운 시절에 꿋꿋이 영화 만들어 온 영화인들이, 정작 풍족한 체제에서는 외면당하는 형국이다. 현실에서 도태되는 것까지 각오해야 될 싸움이다. 지켜보라. 대기업이 돈으로 육성한 젊은 영화인들은 경제 어려워지면 떠난다.

독립영화 제작자도 예외는 아니다. 의욕을 잃은 터줏대감만 영화판에 남을 것이다. 진짜 문제는 한국 영화를 좋아하던 관객까지 외국 영화에 길들여진다는 것이다.

외국 영화가 한국 영화를 추월한 것은 1980년대였다. 케이블, 위성TV 생기면서 외국 영화가 넘치는 시대, 아이들은 자연히 외국 영화 팬이 될 수밖에 없다.

－풍상을 견뎌낸 당신 영화의 작품 세계는.

내게 자기 스타일이 없다고 하는 사람도 있는데 나는 시대·사회의 변화를 우선시했기 때문이다. 당대의 대중에 적응했다. 나는 변화를 거스르거나 앞서가거나 저항하지 않고, 변화의 속도에 몸을 맡긴다.

－대중 추수주의라고는 생각 안 했나.

그런 것 없었다. 대마초 사건으로 1976~1986년 활동을 멈추며 한국 영화가 현실을 그리지 못한다는 사실을 깨닫게 됐다. 1960년 5·16 이후 영화는 가짜 현실에 매몰됐다. 리얼리즘을 회복해야겠다고 결심했다. 「바람 불어 좋은 날」을 만든 건 그래서다. 그 작품은 배창호, 장선우 등 유능한 조감독들이 모여든 계기가 됐다.

「낮은 데로 임하소서」

–그렇게 형성된 이른바 '이장호 사단'의 공과는.

장선우의 「우묵배미의 사랑」, 배창호의 「꼬방동네 사람들」, 박광수의 「그들도 우리처럼」 등 우리의 리얼리즘 영화를 만들어 낸 것은 최대의 공이다. 이는 여균동의 「세상 밖으로」로 이어졌다. 그러나 동시녹음 기술을 업고 한국 영화에 욕설의 문을 열었다는 것은 잘못이다.

이후 욕설이 흥행 코드화해 버렸다. 예를 들어 「조폭 마누라」는 의도적으로 욕설을 사용한 경우다. 나는 '우리는 왜 fucking이라고 못 할까'라고 고민만 하다 만 꼴이다.

–그 같은 부작용은 앞으로 정화될까, 심화될까.

자정 능력이 문제다. 영화의 침체기는 잘되면 자정의 계기가 될 수도 있다. 최근 주변에서 자숙의 움직임이 더러 눈에 띈다. 「워낭소리」가 좋은 예다.

–일시적 현상 아닐까.

아니다. 「워낭소리」는 서곡이다. 이후 좋은 독립영화가 본격적으로 뒤를 이을 것이다. 무엇보다 디지털 촬영 등 기자재의 단순화로 제작비가 안 드니 뜻있는 자들이 용기를 갖게 됐다는 점이 중요하다. 요즘 가장 무서운 인터넷 마케팅에서 큰 효력이 입증됐다는 점 역시.

–대선배로서 조언을 한다면.

이제 영상은 영화인들의 전유물이 아니다. 그러나 결국 예술가·작가가 영화의 전문가가 돼야 한다. 즉 '문학적 바탕'이 돼야 하는 것이다. 그런 견지에서 영화적(비디오적) 바탕만 강조하는 현재는 우려스럽다.

잘 짜인 대본 없이, 촬영 현장에서 건져 올리는 감각적인 것들 보여 주자는 식으로 변해간다. 재미있는(돈 버는) 영화만 주문하는 기획자의 논리 때문이다.

1990년대 삼성, 대우, SK 등 대기업이 영화 제작에 뛰어들면서부터 영

다시, 길을 떠나다

화가 마케팅, 제작 중심으로 변한 때문이다.

기존 영화인력 대신, 영화에 관심 있는 신입사원들에게 마케팅·기획 작업을 맡긴 것이다. 1년 만에 조감독 되는 일이 벌어졌다. 나는 조감독 생활만 8년 했다.

– 한국 영화 살리기는 어떻게 해야 할까.

문화운동이 가장 바람직하다. 영화평론가들의 의식적 행동, 영화감독들의 작가주의 운동이 희망이다. 스크린쿼터 문제로 데모한 건 상업적으로 등쳐 먹힌 형국만 낳았다. 결국 영화를 썩게 만들었다.

– 북한은 영화를 국가적으로 중시하는데 통일 이후를 생각해 보았나.

부모의 고향이 북청이라 북한에 대해 애정 많다. 아름다운 자연 등 북한이 가진 소중한 가치들을 영화를 통해 보호하고 싶다.

– 자신의 작품 셋만 꼽는다면.

(기다렸다는 듯) 소외자들에 대한 관심에서 나온 영화들이다. 패러디 강한 한국적 리얼리즘 영화 「바보 선언」과 「바람 불어 좋은 날」, 환생을 주제로 리얼리즘과 샤머니즘이 어울린 「나그네는 길에서도 쉬지 않는다」이다. 「바보 선언」은 지금 봐도 부끄럽지 않다.

– '이장호 류'란 것이 있다면.

제작비가 적게 든다, 흥행을 일찌감치 포기한다는 점이다. 만일 흥행을 의식했다면 영화적으로는 물론 상업적으로도 실패했다. 「미스코뿔소 미스터코란도」나 「y의 체험」 같은 경우다.

이장호는 …

**"시력 잃은 동생 모델·모티프로 오페라 「내 잔이…」 연출,
신에 대한 통찰이 작품 목표"**

이장호 씨는 이번 학기에 백석예술대 신학부 3학년으로 편입했다. "성경 안에서 미학을 찾아내고 싶었다"고 했다. 그 계기는 신의 존재에 대해 눈 뜬 것이었고, 구체적으로는 동생 영호 씨 때문이다. 그가 연출한 오페라 「내 잔이 넘치나이다」가 신에 대해 이야기하는 것도 같은 맥락이다.

형을 좇아 영화인의 꿈을 키우던 동생은 뉴욕대에서 영화학(제작) 박사과정 중이던 1989년 시력이 급격히 저하돼 귀국, 영화인의 꿈을 접어야 했다. 대학 강의도 물론 접어야 했다. 책과 음악을 좋아하던 어린 시절까지 자신을 닮은 동생을 이씨는 자신보다 더 아낀다. 맹인 목사 안유한을 주인공으로 한 영화 「낮은 데로 임하소서」에서의 주인공은 바로 동생이 모델이다. 동생은 현재 컴퓨터 모니터만한 글자만 인식할 뿐이라고 한다. "음악성이나 예술에 대한 안목 등에서 나를 앞섰어요."

원래 형제란 은근히 서로 지기 싫어하는 법이다. 그래서일까, 영화의 길을 택한 동생에게 의도적으로 심하게 굴었던 옛일도 돌아보면 후회스럽다고 했다. 마음의 평정을 찾은 동생은 낚시까지 할 정도다. 시력 상실로 영혼의 눈을 뜬 것은 동생만이 아니었다.

이씨의 종교는 땅 위의 교회에 있지 않다. "교회에 나가지만 현실 기독교에 대해서는 부정적이에요. 그러나 크게 보면 하느님이 내게 시련을 주신 것이고, 나는 그것을 통해 성숙했다고 믿어요." 그는 자기 작품의 최종 목표를 '신에 대한 통찰'이라고 했다.

이번 오페라 작업은 많은 깨달음을 주었다. 작업 초반에는 싸움의 연속이었다. 그는 "리허설하는 데 계속 손발이 안 맞아, 절망적 감정마저 들었다"며 "화를 이기지 못해 소리를 질렀다"고 했다. 보다 못한 제작자가 연출을 양보하라고 부탁할 정도였다. 지휘자에게 많은 권한을 주고 나니 갈등은 사그라들었다. "권력의 의지가 사람을 묶더군요."

그는 "이제 인생 후반기의 시작"이라며 "이번 오페라는 그 출발점"이라고 했다. 자신이 궁극적으로 그리고자 하는 것은 영화 「패션 오브 크라이스트」 같은 파시즘적 예수상이 아니라, 한민족의 모습이면서 동시에 모든 민족에 통용되는 예수상이라고 했다.

무대 작업이 그에게 준 깨달음은 또 있다. "싸우지는 않을 거예요. 무시하는 법을 배웠으니까."

1945년생. 영화감독으로 옥관문화훈장(2003)을 수상하였으며, 현재 신상옥 기념사업회 이사장으로 재직 중이다.

"도서관 짓기 · 웹진 온 – 오프 병행
인문주의 보호할 '책의 城' 쌓겠다"

문학평론가_ 도정일

"21세기 한국은 세계에서 가장 도시화한 환경에서 살고 있다. 서울은 상파울루, 뭄바이를 제치고 세계에서 가장 인구가 많은 도시이며 인구밀도는 최고인 도시다." 당신의 짐작은 옳았다. 서울시립대 건축학부 김성홍 교수가 근저 『도시 건축의 새로운 상상력』에서 밝힌 대로다.

1994년 낸 비평집 『시인은 숲으로 가지 못한다』에서 환경 파괴의 위험을 고발했던 문학비평가 도정일(책읽는사회문화재단 이사장) 씨는 몇 년 전부터 문학비평은 일단 미루고 대중과의 접촉면을 넓혀가는 행보를 보이고 있다.

포스트모더니즘 논의가 막 일던 1990년대 초 "포스트모더니즘은 서구의 자살"이라고 우려했던 그는, 이제 사면초가의 위기에 봉착한 인문주의의 보호막을 위해 '책의 성'을 쌓자고 호소한다.

그의 표현을 빌리면 "다수 공익의 원칙에다 신뢰할 만한 소수 의견의 공존"이 이 시대에 가능할까? 인터넷이라는 문명, 창조적 소수라는 문화적 요구가 평화롭게 공존할 수 있을까? 지금 그의 머릿속은 거대한 시험장이다.

─매체에 큰 기대를 갖고 있는 듯하다.

시민단체, 언론이 함께 도서관 짓겠다고 한 건 MBC TV의 '!(느낌표)'가 처음이다. 나 같은 영문학자, 문학비평가가 대중매체에 알려지기란 사실 불가능한 일이다. 오락 프로그램이 공익성과 결합한 예외적 사례라는 데 주목, 1년 동안 결석하지 않고 나갔다.

─방송 출연에 대한 자평을 한다면.

도서관 짓기는 원래 나라가 해야 할 일인데, 마침 MBC가 먼저 제의해온 것이다. 한국에 제대로 된 어린이도서관을 짓자는 문제가 처음으로 사회적 주목을 끌었다는 점에서 이 프로그램이 도서관운동의 전환점이 된 건 분명하다.

대중매체가 도서관 짓자, 책 읽자는 화두를 들고 나온 것은 그게 처음이다. 그러나 「느낌표」가 선정한 책만 수십만 부 팔리다 보니 결국 시장을 왜곡했다는 지적을 받았다.

─그런 데서 부르면 또 가겠나.

당연히 가야지. 미국에서는 오프라 윈프리가 책 들고 나가 선전한다. 개인으로서가 아니라, 책읽기를 권면하는 단체의 장으로 그런 요청을 거부할 수 있겠나.

-방송은 어떤 효과가 있었나.

디지털과 아날로그가 결합한 도서관의 필요성을 정책 입안자들이 느끼게 됐다는 점이다. 경기도의 예가 대표적이다. 어린이도서관의 중요성에 대한 인식이 확산되고 '작은 도서관 운동'이 다시 일었다.

한국의 사회운동에서 아예 도외시돼 온 도서관 문제가 처음으로 공식 제기된 것이다. 고도 정보사회 운운했을 뿐, 그 기본 인프라가 도서관이라는 사실은 관심 밖이었지 않나. 도서관은 민주사회의 필수품이자 사회 안전망이며 국민 평생학습의 장이다.

-도서관 운동은 어떻게 시작됐나.

전국에 공공 도서관이 370개이던 2001년, 김한길 문화부 장관에게 10년 내로 정부가 공공 도서관 1,000개를 증설하고, 도서관 콘텐츠 예산은 1,000억 원 증액해 달라고 했다. 전국 도서관에 배정된 예산이 모두 50억 원이던 때였다. 하버드대가 도서관 콘텐츠 관련 예산으로 1년에 270억 원 배정하던 때였다. 한국의 도서관 예산 규모는 OECD 회원국 중 꼴찌다.

정보화사회라는 것보다 개개인이 정보와 지식에 평등하게 접근하고 창조할 수 있는 기회를 가져야 한다. 정보접근권은 사회적 평등권이라는 차원에서 접근해야 한다. IT를 육성해도 기본 인프라를 소홀히 할 수는 없다. 도서관은 거지 꼴인데, PC만 갖다 놓으면 정보선진화된다는 착각은 여전하다.

－문화 인프라로서 도서관에 대한 현 정권, 전 정권의 인식 차이가 있나.

도서관 감세를 추진하는 등 MB 정부도 도서관의 중요성은 안다. 노무현 정부의 도서관 정책이 그대로 승계되고 있다. 노 정권 때 대통령 직속의 별정기구인 정보정책위원회를 잇고 있다. 전 정권에서 만들어진 위원회 중 존속해 있는 유일의 위원회인데, 도서관 발전 정책이 주 업무인 그 기구는 지금 한상완 전 연세대 문헌정보학과 교수가 위원장이다. 한 위원장은 2001년 책읽는사회만들기 국민운동본부에서 도서관 살리기 운동을 함께했다. 출판협회, 작가회의, 전교조 등 8개 단체와 시민연대운동을 3년간 하다 「느낌표」의 '기적의 도서관 운동'으로 관계가 느슨해졌다.

－대중적 독서문화운동은 어떻게 시작했나.

2003년 책읽는사회만들기 국민운동본부가 문화재단으로 출범하면서 자치단체와 손잡고 '기적의 도서관 운동'을 시작했다. NGO, 언론, 자치단체가 본격적 의미로 제휴한 것은 그게 처음이었다. 얼마 안 가 외국에서도 주목받았다.

뉴욕 시라큐스대 문헌정보학과 박사학위 논문에 인용되고, 일본 의회와 독일 독서단체가 크게 관심을 보였다.

－도서관에 초점을 맞춘 이유는.

한국의 지역 발전에서 도서관이 중심으로 돼야 한다는 생각이다. 다소

부평 「기적의 도서관」

는 천민적이지만 한국 같은 자본주의에서도 시민이 마음먹기 따라서는 충분히 가능함을 보여 주고 싶었다. 지금도 5,000~1만 원 소액 기부자가 500여 명 있다. 「!」 중단 이후 시민들의 자발적 기부금 운동이 시작됐다. 책읽는사회 문화재단 홈페이지(www.bookreader.or.kr) 등을 통해 회원, 후원자 가입이 이어진다.

–순조롭지만은 않았을 텐데.

'기적의 도서관' 마지막에는 자원 부족으로 고생했다. 그 사실이 언론 보도 등으로 알려지자 2004년 말 국민은행이 자진해서 20억 원을 기부했

다시, 길을 떠나다

고, 네이버는 부평 기적의 도서관 건립에 1억 5,000만 원을 기부했다.

10번째인 정읍 기적의 도서관을 지을 때는 회원 기부금 등으로 1억 원 상당의 설계비를 충당했다. 당시 설계비 마련을 위해 간사들의 월급을 50% 줄이기도 했다. 현재 김해 도서관이 2010년 하반기에 개관 예정이다. 조건영, 정기용 씨 등 공익 건축 활동을 꾸준히 해 온 사람들이 시중 설계비의 3분의 2만 받고 설계했다.

큰 액수가 아니더라도 앞으로도 계속 이어나가겠다. 자치단체가 기적의 도서관이라는 타이틀을 쓰고, 우리는 콘텐츠와 운영 프로그램 등 실질적으로 도움을 줄 것이다. 기적의 도서관 전국협의회가 전체 사업을 꾸려간다. 1년에 한 차례 10개 도서관 대표가 모여 프로그램 교환 등을 하며 협력한다.

―문화 웹진 창간을 준비하고 있다고 들었다. 인터넷 문화가 차고 넘치는 한국에 또 웹진인가.

실패할 수도 있다. 그러나 이 시대에도 공공성과 공익성이 반드시 반反시장적인 것은 아니라는 점을 보여 줄 필요를 느꼈다. 물론 단기적으로 봤을 때 예술성을 갖춘 작품이 시장에서 실패할 수 있다. 그러나 그것을 향유할 수 있는 기회는 줘야 하지 않겠나. 믿지 못할 정보가 난무하는 IT 시대와 맞서는 일이다. 우리는 공익성, 독립성이라는 아군을 갖고 있다.

문학평론가 도정일

– '품위 있는 삶'을 위해서는 사회주의적 요구를 수용해야 한다는 존 롤스의 명저 『정의론』의 한 대목을 보는 것 같다.

서평에는 주관성의 개입이 불가피하다. 우리는 개인의 판단이 아닌 다수의 판단과 동의 · 합의라는 가치에 주목하자는 것이다. 공공성이 높을수록 합의의 가능성은 커진다. 편집위원들이 합의를 시도, 판단을 공유한다. 이 대중문화 시대, 다수란 좋은 것이 아닐 수도 있는 것이다. 네티즌의 판단과 동의를 추수하는 시대이지만, 그렇지 않다는 걸 보여 주자는 것이다.

– 결국 엘리티즘 아닌가.

문화는 대중성과 정예주의가 결합해야 한다. 권력의 문제가 아니라, 정신의 정예주의를 유지하려는 노력이다. 문화와 정보의 유통에 관여하는 자들은 '수준 유지'가 항상 큰 짐임을 의식해야 한다.

– 거기에도 대전제가 필요할 텐데.

시장 논리가 예술과 문화를 지배하는 사회는 망할 것을 예약하는, 병든 사회다. 예술을 지원하는 수단이 시장뿐인 시대, 예술이 시장과 긴장 관계를 유지하며 공존하는 방법을 모색할 것이다. 이제 문제는 고급 · 저급 문화라는 구분이 아니라 시장성에 얼마나 오염됐는가에 있다.

– 예를 든다면.

피카소의 그림은 원래 시장성이 없었다. 그러나 얼마 안 돼 빠른 시일 내에 엄청난 대중성을 획득했지 않은가. 대중성과 거리를 둔 작품은 '통시대적으로' 살게 된다. 나는 한국 사회라는 미친 열차에 제동을 걸겠다는 것이다.

원래 문화·예술은 시장의 판단과 어긋나기도 한다. 이를 고려하지 않는 사회는 시장의 횡포에 함몰된다. 미국 경제의 파탄이 바로 시장에 대한 과신 때문 아닌가.

–웹진에 닥칠지 모르는 최악의 경우를 상정해 봤나.

출판사가 비판을 받고도 무리한 서평이나 홍보 등을 시도하거나 나아가 굴복을 강요할 때는 (존폐에 대해) 심각히 생각해 봐야 할 것이다. 그러나 일반 독자들이 별 다섯 개를 준 책에 서평자가 두 개를 주었다 해서 정예주의 소리를 듣는다면, 그 같은 일은 두려워하지 않을 것이다.

–일반과의 커뮤니케이션이 관건이겠다.

바로 내가 해야 할 큰 역할이 그들 간의 활발한 횡적 소통이다. 덧글·댓글을 통한 거리낌 없는 의견 개진, 쌍방 의견교환 등 가능한 수단을 고려하겠다. 웹상의 유력 블로거들의 많은 참여를 유도, 세상과의 판단을 공유하도록 할 생각이다.

좋은 의미에서의 문화세력을 지향하는 작업이다. 최소한 돈 버는 데 혈안이 됐다는 소리를 어디에서건 안 들으면 된다. 우리 재단 인력과 외부 편집책임자 등 고정 기고자만 10여 명이다.

–유사한 도메인과 무엇이 다를까.

　반드시 서평으로 나와야 할 책들을 건지는 게 최대의 숙제다. 직업이나 정신세계 등 개인에 유익한 경험을 주는 정보가 담긴 책들 역시 소개의 대상이다. 물론 나도 필자로 참여한다. 모든 성과가 축적되면 단행본도 낼 생각이다.

도정일은 …

"황석영 씨와 공동 편집인… 독자 · 네티즌 활동공간이 목표"

나비(www.nabeeya.net)라니! 감각적이고 날렵하다. 횃불도, 함성도 아니다. 이제 운동은 더 이상 체제 전복을, 혁명을 위해 복무하지 않는다는 명제를 함의하는 듯하다. 2009년 7월에 선생이 띄운 문화 웹진은 그렇다면 새로운 실천의 장인가, '나비'의 진두에 소설가 황석영 씨와 어깨 겯는 그가 있다.

황씨와 공동 편집인으로 나선 그는 나비란 춤 춰야 함을, 나비의 춤은 인간을 옭아매는 온갖 종류의 장벽을 초월하는 날렵한 몸짓임을, 그 춤의 이름은 문화라 하는 것임을 이야기했다. 그의 표현을 빌리면 "무언가를 말하기 위해 밤새워 준비한 사람들을 환영하고, 그들이 내놓는 다양한 표현에 갈채를 보내는 주체가 바로 나비"다. 황씨의 온라인 소설 연재 경험 등은 그를 풍성히 해 줄 실질적 콘텐츠이다.

문학동네, 세계사, 중앙북스, 북이십일, 창비, 위즈덤하우스, 생각의나무, 자음과모음, 한 겨레출판 등 9개 출판사가 그들의 뜻에 맨 처음 답신을 보내 준 동지들이다. 당시 웹진 들은 "인터넷 서점 홍보에 인기 작가들 나서다"라는 제목으로 그 추세를 뭉뚱그렸다. 이제는 "중진 작가들도 웹 상업주의에 뛰어들다"라는 말로도 읽힐 법하다.

그러나 그는 그 같은 일반화를 진작부터 경계했던 터다. 그의 말을 들어보자. "그게 아 니라면 굳이 또 하나의 웹진을 추가할 필요가 있겠어요? 출판계를 위한 NGO도, 그들 의 권익을 대변하자는 것도 아니에요. 출판물, 웹진도 시민의 공익성 위에서 존립한다는 것을 보여 주고 싶을 뿐이죠." 존 롤스의 『정의론』 중 한 대목과 맞닥뜨린 기분이다.

웹진 운영상 최대의 원칙은 네티즌 제일주의다. 서평 아카이브 등 기본 콘텐츠는 당연 히 네티즌의 창작물이다. 그는 "우리 도메인에 실리는 콘텐츠는 한 사회의 정신사적 작 품"이라고 다짐했다. 정보의 진위는 뒷전인 웹의 패러다임이 수정돼야 할 것 같다. 신뢰 성을 최상의 가치로 두는, 웬만해서는 찾아보기 힘든, 아주 별난 웹진이 인터넷 왕국에 서 탄생한 것이다.

1941년생. 문학평론가로 제10회 일맥문화대상 사회봉사상(2007), 교육부 총리 표창 (2006)을 수상하였으며, 현재 책읽는사회문화재단 이사장으로 재직 중이다.

"나는 예술가 아닌 일꾼,
하루도 전각칼 놓은 적 없어…
지금껏 작업한 돌 10톤 될 것"

전각가_ 최규일

강원 횡성군 공근면 산내리. 치악산 자락에 봄기운이 내려앉고, 저수지에서는 백로 한 쌍이 노닐었다. "이 일이 먹고 살기는 힘든데, 죄 짓고 살 일은 없어요." 산골 마을에 때 아닌 흙먼지 일으키며 찾아온 취재진이 객쩍어졌다.

무애 양주동 선생이 그러했을까? 전각가 최규일 씨의 언행은 어디에도 거칠 것 없는, 무애無碍였다. 활달한 언어에 한자어와 육두문자가 무시로 몸을 섞었다. 그러나 상스럽지 않은, 날것으로서의 가치가 온존돼 있었다.

투박한 끌을 움켜잡고 돌을 파다 보니, 그의 손가락은 늘 붕대나 테이프로 칭칭 감싸져 있다. 석수장이 뺨치는 작업을 해 오면서도 지금껏 상처 한 번 안 났다. 정신일도의 결과다. 그러면서 "꼴리는 대로 가는 게 내 세계"라 한다.

낯가림이 유달리 심한 예술계에서 이렇다 할 신분적 배경도, 학맥도, 인맥도 없이 산골에 칩거하며 자기 세계를 고집해 온 그를 아는 사람은 '이 시대의 마지막 장인'이라 부르기도 한다. 고서화를 전문적으로 취급하는 곳의 한편에서나 흔히들 고급 인장 정도로 알기 십상인 전각이다. 그러나 그를 만나 숙성의 과정을 겪고 있다.

추사 김정희가 그러했듯, 전각가는 뛰어난 서예가다. 최씨 또한 그러하다. 거기에 서양화의 데생력까지 겸비했다. 최근 매스컴을 통해 전각이란 고급 전통공예 제작기법 정도로 인식되고 있는 현실이 그는 측은한 듯했다. 이야기에 흥이 오르자 친교를 나눈 문인들과 두주불사하던 일도 호기롭게 풀려나왔다.

다시, 길을 떠나다

-최근작은 무엇인가.

재작년 도덕경을, 작년에는 금강경을 만들었다. 2008년 12월 24일부터 지장경地藏經을 파고 있다. 한 판에 270자 새기는데, 금강경의 4배다.

-모두 대작뿐인데.

그렇다. 그중에서도 연작(시리즈)만 한다. 우리나라 사람이 쓴 한시만 죽어라 판 적도 있다.

-어떤 돌을 쓰나.

한국서 나오는 단단한 돌만 고집한다. 해남 옥매산에서 나는 옥돌이다. 이번 지장경을 하려고 1년 반 전부터 재료를 준비했다. 우리나라 돌을 연습용 돌이라 하는 전각가도 있지만, 나는 이 땅에서 전각하는 사람이라 중국돌은 절대 안 쓴다.

-전각篆刻은 일반에게 낯설다. 한문의 가장 원초적 형태인 전서를 돌에 새기는 일 아닌가.

한국에 있는 전각가를 합치면 4~5만 명이다. 그런데 한 사람도 작품은 않고 도장만 파니 그럴 수밖에. 매년 여는 전시회 '한국 전각 대전'을 보면 여전히 인감 수준이다. 가끔 인사동 가면 전각 국전 심사위원이라며 뻐기는 인간들 있는데, 그 사람들(일반 전각가들)과는 아예 게임을 안 한다.

전각가 최규일   **227**

–작업은 어떻게 하나.

새벽 3시에 일어나 불경을 듣는데, 요즘 듣는 것이 테이프 3개짜리 지장경이다. 들으며 향 피우고 8시까지 각刻한다. 밥 먹고 한잠 자고 밭을 돌다, 오후 6~10시까지 작업한다. 그렇게 해서 열흘 만에 경판 하나를 판다. 그것 말고, 보편 추상의 순수 조형물도 준비 중이다.

원래 글자라는 게 상징적 부적에서 출발한 게 아니냐. 날짐승, 들짐승, 수복壽福 등의 뜻에 맞는 글자들을 모아둔다. 조형성과 상징성, 거기에다 부적의 의미까지 모아 예술로 승화시키는 작업이다. 엄청난 집중력이 필요하다.

–전각이라면 흔히들 도장 파는 일 정도로 알고 있다. 당신의 작품은 전각을 예술로 승화시킨 걸작으로 일컬어진다.

그래도 예술가는 죽을 때까지 만족하면 안 된다. 나는 늘 부족하다. 전시회를 20번 정도 했지만, 하나도 안 팔았다. 국전이나 단체에 든 적도 없이, 타협하지 않고 내 세계에서 살아왔다.

－전시회는 소통을 위한 기회지만, 당신의 진가를 아는 사람들에게는 늘 아쉬웠다. 마지막 전시회는.

2005년 10월 카이스트에서 전시회를 마치고, 그해 말 양평에서 한 전시회였다. 나는 지금까지 20번 전시회를 했는데, 할 때마다 늘 새롭게 해 왔다는 것 한 가지는 자랑이다. (작품이 자연스럽게 축적돼서 갖는) 전시회란, 오줌 마려울 때 오줌 한 번 갈기는 일 아닌가.

전시회에 그다지 의미를 두지 않기에 나는 한 번도 내 돈 내고 전시회 한 적이 없다. 최근 전시회가 없었던 건 불경기 때문이다. 누가 하자면 또 하는 거다. 해우解憂 한 번 하는 거다. 나는 예술가가 아니다. 일하는 일꾼, 그것도 초보다. 내 이상을 향해 갈 뿐이다.

－첫 전시회는 어떠했나.

1985년 경인미술관 초청으로 벌였던 전시회다. 내 전시회 소식을 듣고, 꽃다발이 곳곳에서 들이닥쳐 무슨 일이라도 터진 줄 알았다. 그러나 (그같은 것들은) 제대로 일 못하게 하는 훼방꾼일 뿐이라는 사실을 곧 알게 됐다. 내가 원래 매스컴에 욕심 없었다. 부탁 한 번 안 했다. 그래도 전시회를 해마다 한 두 차례는 가졌으니 누구보다 부지런히, 열심히 한다는 소리를 들었다.

－물감이 닿지 않는 바탕에도 마치 조각 작품처럼 촘촘한 선이 파여 있는데.

정으로 치면 깨지기 십상이라, 그만한 힘으로 파 들어간 결과다.

─특유의 기법인 일도일각─刀─刻법이란.

보통은 글자 안을 끌로 파지만 나는 바깥을 파낸다(보통 글자가 하얗게 찍히는 데 비해, 그의 작품은 글자 부분이 까맣게 찍힌다. 파내는 분량이 훨씬 많다는 뜻이다). 또 딴 사람들은 파낸 뒤 다듬지만, 나는 단 한 번으로 끝낸다.

─일반적 부조 제작보다 훨씬 힘들겠다.

여백을 밋밋하게 음각으로 남기는 것은 게으름 때문이다.

─전각의 본고장 중국 사람들이 먼저 당신을 평가하지 않았나.

1980년대에 문화계 인사들이 모인 자리에서 전각하는 사람이라 했던 적이 있다. 그 자리에서 누군가가 중국의 전각가로 이름 날리던 오창석, 제백석을 대단한 자라며 칭송하기에 '내 발톱의 때만도 못한 놈'이라 대꾸해 줬다. 그 말에, 그 자리 모인 평론가들이 모두 발끈했다. 그래서 우리 집에 가서 보여 주니 '당신 같은 (여백을 한 칼에 다 파내는) 사람 처음 본다'며 태도가 돌변하더라.

─최근 예술로서 전각 작품에 관심이 일자, 매스컴에서 각광받는 전각가도 있는데.

내 세계에는 근접 못 한다. 칼질하는 것 보면 안다. 장자 왈, "메뚜기가 거북이 · 코끼리의 생각을 알겠느냐"고 했다.

-전각은 어떻게 시작했나.

나는 붓을 갖고 누드 크로키부터 했다. 젊은 시절에는 모델 그리는 자리만 있다면 달려가, 미친놈처럼 누드 크로키를 했다. 6·25 후 도장 파는 일과 인연 닿아 죽기 살기로 했다. 하루도 전각칼 놓은 적 없다. (닳아빠진 노트를 보여 주며) 그 무렵부터 써 온 전각 일지다.

전각의 조형성을 높이려면 회화를 통해야 한다고 믿었다. 전각하면서 시장바닥 사람들 같은 주제로 사진도 찍었던 것은 그래서다. 요즘은 누드 크로키는 않고 동물을 주제로 수묵 크로키를 하고 있다.

1990년 독일문화원에서 열었던 전시회가 그랬다. 자, 보라. '계속해서 하루 두 자씩 팠다'는 구절이 있지 않느냐. 그날 한 게 잘 됐나를 확인하는 일… 끔찍한 일이야.(달력에는 또 언제 어떤 작업을 했으며, 앞으로의 과제는 무엇인지 등이 촘촘히 적혀 있다)

-그런데 왜 하나.

(뜸을 두다) 회의, 슬픔이 있다. 그러나 이런 거라도 하니 최규일이지, 그렇지 않고서야 거지발싸개도 안 된다. 열심히 일하면 세상이 나를 도와간다.

-지금껏 한 작업의 분량은.

50살 때 보니 5톤 트럭 한 대 분이었다. 지금은 두 트럭쯤 되겠지. 지금껏 작업한 돌이 30만 개다. 돌값만 수십억 들었을 거다.

전각가 최규일 **231**

−자신의 작품을 팔지 않는 것으로도 유명하다.

작품 팔아라, 낙관 파 달라고 하는 사람들이 있다. 절대 안 한다. 그러나 우리 집에 와서 나와 사귀면 공짜로 파 준다. 그 사람들이 결국 음으로 양으로 도와주기 때문이다. 우리 집에 오면 그림 한 점씩은 공짜로 가져간다. 그러나 지금도 사자면 안 팔아. 내게는 두 가지뿐이다. 작업 열심히 했다는 것, 팔아먹지 않았다는 것이다.

작가가 부자라는 건 작품을 많이 갖고 있어야 한다는 뜻이다. 나는 내 몸 떠나면 내 작품이 아니라고 믿고 있다. 옛날에 내 작품을 표구해 전시장에 갖다놓은 적이 있는데, 누구도 눈길 안 줘 다 썩어버렸다. 내 작품은 맛을 아는 사람들이 봐야 한다. 한국인들은 돈 되는 것만 좋아한다.

−세상과 너무 떨어져 있다는 생각은 안 드나.

나는 수지 안 맞는 거, (내 작품이) 안 팔리는 것에 대해 불만 없다. 그럴수록 내 작품의 가치는 올라가니까.

−보유하고 있는 수많은 작품들은 어떻게 할 텐가.

전시관을 준비 중이다. 10년 전 이곳에 와, 4만 평의 부지를 확보했다. 옛날에 만든 작품은 서울 집(강북구 수유동)에 있다. 나 혼자만 여기 살고 딴 식구들은 서울, 횡성을 오간다.

−학교는 어떻게.

다시, 길을 떠나다

성균관대 경제학과 63학번인데, 2000년 명예 졸업장을 주더라. 식구들 먹여 살리려 휴학하고 노동판을 돌다 보니 학교와는 인연이 끝이구나 싶었다. 까마득하게 잊고 지냈는데, 학교에서 전각 부문의 공로를 인정해 명예 졸업장을 준다 해서 받았다.

ㅡ일반인과의 거리가 너무 멀다.

전시회 하라 해서 한 번 했는데, 사람들이 (내 작품을) 몰라. 이 세상 사물은 자기가 공부해서 아는 것만큼밖에 못 본다. 한국은 작품보다 이름이 중요한 풍토다.

ㅡ그렇다고 대중과 길 트기를 포기할 것인가.

한국 미술계의 기준이 있다면 이름(기존의 지명도), 국전 심사 여부가 전부다. 그러나 불공평한 게 결국은 도움이 된다. 그런 이유로 안 팔았으니. 만일 내가 떴다면 미쳤다고 이렇게 일하겠는가. 최후의 승리는 내 것이라는 믿음이다. 선비는 여러 사람이 아니라 자기를 알아보는 사람만 무서워하는 법이다. 다 썩어도 한 놈이 견뎌야 새싹이 나온다고 믿는다.

ㅡ딴 사람과 '게임' 안 하고 자족하며 사는 이유는.

요즘 인기 있다는 한국 전각가들의 작품을, 중국인들은 콧방귀도 안 뀐다. 나는 내 작품들을 함부로 내놓지 않는다. (작품들을) 사실적으로 내가 갖고 있다는 것이 중요하다고 믿는다. 내가 인정 한 번 받으러, 들고 다니며 지랄할 필요가 있느냐.

-앞으로 계획은.

지장경 끝내고 난 뒤, 돌 없어 중단한 원각경과 법구경을 파겠다.

-힘든 점은.

힘들기보다 지루하다. 참아내는 것이다. 매일 하니 싫고, 신물 나고, 이 갈린다. 나는 평생 일손 놓은 적 없다. 허나 진정 겁나는 것은 칼·붓을 놓게 되는 일이다. 파다 보면 어깨에 힘줄이 돋고, 팔 다리는 저리고, 입에서 신물이 난다. 그래도 하는 게 도道다. 죽기 살기로.

-외롭지 않은가.

나는 평생을 혼자가 아니면 가족뿐이다. 서울서 살 때는 프랑스, 일본에서 수시로 초청장이 왔는데 강원도에 처박혀 살고부터는 아예 안 온다.

"가족은 나의 예술적 동지"

'우리 시대의 마지막 장인'이라는 말 한마디를 나침반 삼아 찾아 간 산골, 그의 작업장
은 돌판과 먹, 끌이 전부였다. 작업은 세 단계로 나뉜다. 머릿속으로 한문을 형상화해내
는 포자 혹은 장법 단계, 설계를 해서 먹으로 뜨는(글씨를 쓰는) 구상 단계, 쇠칼로 파는
단계가 그것이다.

출가한 딸을 제외하면 그의 가족은 모두가 예술적 동지다. 아들 정훈 씨는 동양화가이
면서 도예가다. 앞뜰의 작은 가마가 바로 그의 작업실이다. 온종일 작업하던 아버지의
모습을 어릴 적부터 봐 왔다고 한다. 서양화(유화)를 전공한 딸 정원 씨 역시 그렇다. 부
인 노명숙 씨는 문인화가로 사군자를 필생의 작업으로 해 오고 있다. 동양화 그룹 '도우
제'의 멤버로서 정기적으로 그룹전을 갖고 있기도 하다.

그들이 최씨로부터 귀가 닳도록 들어 온 말은 "도끼 자루 썩는 줄 모르듯, 일은 항상 꾸
준히 해야 한다"는 것이다. 몰아쳐 하는 작업 방식을 가장 경계하는 최씨는 현재 지장
경 석판 130개 중 30개째를 파고 있다.

인적을 피해 작업하는 그를 가끔 TV가 취재하러 오겠다고 하지만 뜻을 이룬 적이 없
다. "TV 촬영팀은 적어도 1주일은 일 못 하게 하거든요."

1938년생. 전각가로 원칙적으로 공모전을 거부했기 때문에 수상 경력은 전무. '지장
경' 각인 작업이 끝나는 2010년 하반기 무렵, 최초 서울 전시 계획 중이다.

"내 작품이 그리고자 하는 건
생생한 인간의 모습"

연극연출가_ 임영웅

사람들은 오늘도 여전히 줄을 선다. 지하 소극장에서 펼쳐질 연극은 그 기다림을 보상하고 남는다고 믿는 까닭이다. 꿈을 꾸고 난 사람들은 카페에서 담소한다. 반가운 사람을 만나기도 한다. 연극이란 이름 하의 완벽한 생산·소비 구조다. 소극장 산울림의 시간은 예술이 자본주의적 시장 질서와 공존할 수 있는 가능성을 모색해 온 세월이었다.

극단 산울림 대표 임영웅 씨는 연극에 관한 한, 삼엄할 정도다. 자신과 관련된 연극적 사건이라면 그는 수치까지 정확히 기억하고 있는 극사실주의자다. 사방이 예술 관련 서적으로 꽉꽉 채워진 그의 방은 창단 40주년을 맞는 극단 산울림의 사령탑이라기보다 연극학도의 연구실 풍경에 가깝다.

－명동예술극장 개관이 연극계의 화제다.

개관작으로 유진 오닐의 「밤으로의 긴 여로」 공연에서 연출을 맡게 돼 있다. 1976년 산울림 소극장, 서울시민회관 별관 등지에서 연출했던 작품이다.

－서재의 상당 부분은 일본 책인데.

『문예춘추』, 『떼아트르』, 『비극희극』, 『시나리오』 등 주요 연극 잡지들을 정보 차원에서 본다. 지난 군사정권 때는 그것들이 중요했다. 초등학교 4학년까지는 일제 치하여서 자연스레 일어 세대다. 신문사 문화부 기자로 일하면서 일본의 시사문예지를 읽게 됐다. 그러나 내 예술에서 일본의 영향이란 전무하다.

－그렇다면 본인의 예술적 계보는.

유치진, 이해랑, 차범석으로 이어지는 축이다. 이해랑 선생 아래서 조연출을 오래 했다. 명동예술극장 오픈 공연에서 사실주의란 어떤 것인지 보여 줄 예정이다. 연출의 스승인 김규대 선생으로부터 연극은 본질적으로 인간의 이야기라는 사실을 체득했다.

－리얼리즘 미학론 같다. 그러나 부조리극 「고도를 기다리며」도 있듯, 당신의 연출 스펙트럼을 사실주의로 묶어 둘 수는 없는데.

나는 연극에서 '～주의'라는 식의 분류법을 싫어한다. 연출가는 작품에 적합한 양식을 취할 뿐이다.

  -2007년 국립극장에서 연출한 「산불」은 우리 시대에 사실주의의 진수를 보인 작품으로 화제가 됐다.

  나는 그렇게 규정한 적 없다. 내가 그리고자 하는 것은 생생한 인간의 모습일 뿐이다. (사실주의란) 매스컴과 평론가들이 필요에 따라 붙인 결과다.

  -1985년 3월 산울림 극장 개관은 한국 연극사의 사건이었다. 이 땅에서 연극한다는 것은 무엇인가.

  경제적 문제로 극장 갖는다는 생각을 선뜻 할 수 없었던 당시, 그럴 수 있었던 것은 연극을 이해하고 고비마다 실질적으로 후원한 아내(오증자 전 서울여대 불문과 교수) 덕이다. 그 힘이 없었다면 1960~1970년대의 경제 드라이브 군사정권 아래서 연극하기 힘들었던 시기를 버텨내지 못 했을 것이다.

  연극으로 생활 안 돼 방송 PD 일도 했다. 이걸(연극을) 계속해야 하나, 하는 회의를 붙들고 싸움하던 시절, 소중한 기회가 주어졌다. 1982년 대한민국연극제에서 「쥐라기 사람들」로 연출상을 탔는데, 부상으로 두 달 해외연수의 기회를 얻었다.

  파리, 런던, 뉴욕, 도쿄를 순회하고는 순수 연극 하는 사람들은 모두 다 힘들다, 연극을 한다는 건 고행이라는 현실을 확인한 것이다.

나이 60까지 (연극을 하겠다는 계획을) 잡고, 앞으로 10년은 연극에 전력 투구한다는 생각으로 극장 건립을 추진했는데, 여기까지 왔다. 애초부터 내가 중심이 돼 소극장으로 설계했다. 소극장이란 국내 최초의 일이었다.

은행 대출 등 할 수 있는 수단을 동원하고 보니 힘이 떨어져 개관을 늦출까 하고도 생각했다. 부부가 중심이 돼 그 일을 한다는 소문이 돌자 당시 장명수 한국일보 문화부장 등을 중심으로 언론·문화계에서 후원회가 만들어졌다. 그 힘으로 조명 등 실내 시설까지 완성돼 1985년 3월 문을 연 것이다.

– '산울림'이란 우리 연극의 어느 수준을 상징하는 말이기도 하다. 그래서 유포된 '산울림표 연극'이란 말은 미학적 분류법이기도 하지 않은가.

보는 사람의 몫이다. 결과적으로는 당초 우리가 지향하던 바를 종합적으로 표현한 말이 됐지만. 창단 때는 거창한 슬로건은 없었다. 다만 '좋은 연극을 열심히 만들겠다'고만 다짐했을 뿐. 굳이 규정하자면 '완성도 높은 연극'이다. 원칙을 지키고 철저히 연습하며 앙상블을 중시하는 작품 말이다.

–혹독한 리딩(대본 읽기) 연습 등 여름이면 땀띠가 날 정도의 준비 작업도 유명하다.

우리의 극을 보고 소생의 힘과 희망을 확인하길 바랐다. 그 활력이 가족, 이웃으로 번져 사회를 풍요롭게 하는 힘으로 거듭나길 바라는 것이 내가 연극을 하는 목적이다. 사람들이 '오늘 연극 보길 잘 했다, 다음에 또

「밤으로의 긴 여로」

연극 보러 가야지' 하는 마음이 들게 하는 연극을 만들자는 다짐이었다.

─산울림은 스타의 산실이기도 한데.

결과론이다. 손숙, 김용림, 윤여정, 윤소정, 사미자, 최선자 등 여배우들, 김무생, 함현진, 김성옥, 김인태 등 남자 배우들은 모두 적어도 TV의 톱스타였다. 그들이 우리 극장에서 좋은 연기를 펼치고 상을 타니, 그 역시 결과적으로 매스컴이 만든 말이다.

─대관하지 않는 것은 원칙인가.

소극장 초창기에는 대관도 좀 했다. 그러나 타 극단에서 하는 연극은 그 질을 보장할 수 없다는 단점을 해결할 길이 없잖은가. 그런 걸 보고도 관객에게 결국 남는 것은 산울림 극장에서 봤다는 사실이었다. 그런 일이 축적되면 결국 산울림의 이미지로 굳어진다는 판단이었다. 개관 2년 뒤부터는 모든 걸 자체 기획으로 메웠다. 코앞의 경영도 힘든데, 그런 식으로 버텨낸 것이다. 임영웅이 모든 걸 책임지는, 일종의 프로듀서 시스템인 셈이다. 요즘 연극 제작 방식인 기획 시스템이 돈 벌기 위한 것이라면, 프로듀서 시스템의 목적은 좋은 작품이다.

-경제난은 어떻게 버텼나.

IMF 시절, 극장 깨자는 말도 있었다. 2~3년 지나면 자리 잡을 거라고 한 초창기에도 나는 10년은 버텨 봐야 한다고 생각했다. 그런데 10년을 지나 봐도 달라진 거라곤 없어 내가 '극장 폭파 운운'이라고 했다며 어느 신문이 1997년 연말 연극계 결산 기사에 썼던 적이 있다.

내 의도는 후배들이라도 소극장 제대로 할 수 있는 풍토를 만들자는 의도였는데, 지금 생각해 보니 경솔했다. 어리석었다. 이제 산울림이란 공간은 나의 것이 아닌, 공공의 것이 돼 버렸다고 생각한다.

-그 공공성의 예를 든다면.

2000년 박근형 등 젊은 연출가들을 초청해 열었던 연극제(3기)에 리스크를 감수하고 제작비를 다 지원했는데, 과연 적자가 났다. 심재찬, 채윤

일, 채승훈이 1기였다면 3년 전 김광보, 이성열 등은 2기다.

작품은 물론 캐스팅도 전적인 권한을 줬다. 그동안 우리 극장에 안 섰던 배우들의 출연을 격려했다. 산울림이 보수적이라는 인식을 깨고 미래지향적이라는 사실을 보여 주고 싶었다.

─문화예술위가 소극장 지원책을 펴오고 있지 않나.

2007년부터 1억 원, 경기가 나빠진 올해부터는 6,000만 원씩을 지원한다. 그런데 제대로 하자면 두 편도 못 하는 액수다. 소극장 운동을 시작한사람으로, 물불 가리지 않고 오다 보니 어느덧 24년이다. 오래 버텼구나하는 생각이 든다.

─그래도 산울림의 트레이드마크처럼 된 '여성 연극'은 효율적 벤치마킹이었다.

한국 연극의 주 관객층은 여대생이다. 학교를 뜨게 되면 연극으로부터멀어지는 그들을 다시 불러 모으자는 생각이었다. 우리 부부, 연극평론가구히서, 장명수 씨 등이 구수회의를 열었다.

오 교수가 1975년 정우사의 첫 출판물로 번역한 「위기의 여자」가 떠올랐다. 마침 이화여대 개교 100주년이란 데 착안, 과거 연극 팬들인 여대생들의 관심을 당길 수 있다고 판단한 것이다.

─페미니즘의 그림자도 비치지 않던 시절, 그 같은 선택은 예언적이기까지 했다.

다시, 길을 떠나다

1986년 4월 1일 공연을 시작했는데, 개막 첫날부터 중년 관객들이 몰렸다. 7개월 동안 5만 명이 들었다. 이혼 이야기도 쉽게 꺼낼 수 없었던 당시 사회 풍토에서 대단한 기록이었다. 동아방송 성우 담당 PD 시절, 인연이 닿았던 박정자가 관심을 보였는데, 거절했다.

그는 노파 역 전문이었기 때문이다. 그런데 곰곰 생각해 보니 평범한 가정주부의 일이라면 더 공감이 가지 않을까, 하는 생각이 떠올랐다. 애초 김민자-전무송 커플로 하려던 게 박정자-조명남으로 바뀐 이유다.

'39도의 정열로 하지 말고 20도의 인간으로 연기해 달라, 죽은 듯이 역할 해 달라'고 주문했다. 그런데 관객이 몰려왔던 것이다. 「엄마는 오십에 바다를 발견했다」, 「담배 피우는 여자」, 「숲속의 방」, 「그대 아직도 꿈꾸고 있는가」 등으로 이어졌다.

곧이어 TV 등에서는 엄마, 아내를 주제로 내세운 프로가 속속 등장해 외도라는 주제에 매달렸다. 우스운 것은 그 흐름이 우리 여성 연극의 영향으로 생겨난 것처럼 이야기됐다는 사실이다.

－향후 산울림 운영 계획은.

내가 안 해 본 것은 다 관심 있다. 그러나 주축은 40주년 기념 레퍼토리 작품이다. 「고도를 기다리며」, 여성 연극들이 먼저다. 또 가난과 편견에 맞서 싸운 예술가 상을 그린 「우리, 테오와 빈센트 반 고호」도 올려, 연극이 가벼워진 현실을 돌아보고도 싶다.

-예술인으로서 자신의 삶을 요약한다면.

두 축이 있다. 8·15, 6·25, 피난, 환도, 4·19, 5·16, 광주, 민주화 등 시련의 시간을 가장 가까이 겪은 세대로서의 시간, 연출 겸 소극장 경영 이라는 연극인으로서의 삶이다. 아직 나눌 일이 더 있다고 믿는다.

임영웅은 …

"「고도를 기다리며」 한국일보 소극장서 초연 후 지금까지 1,270차례 롱런… 늘 새로운 버전업 욕구도"

임영웅 씨는 극단 산울림의 최장수 레퍼토리인 「고도를 기다리며」를 가리켜 "여성 연극에 대한 대항마"라고 했다. 산울림의 창단을 알리기도 한 이 작품의 공연사는 우리 연극의 대중성 아래 감춰진 또 다른 정신사이기도 하다.

1969년 12월 17~23일 당시 서울 종로구 중학동 한국일보 사옥 내 소극장에서 초연된 이래, 국내외를 합쳐 1,270여 차례나 공연된 「고도를 기다리며」는 명연기의 산실이었다. 함현진, 주호성, 안석환, 송영창, 박용수, 박상종(에스트라공 역), 김성옥, 전무송, 정동환, 이호성, 한명구(블라디미르 역) 등은 이 작품 출연 후 명배우의 대명사가 됐다.

초연 당시에는 '부조리극'이란 말부터 생소했다. 임씨는 무의미한 대사와 대화를 새로운 희극의 텍스트로 보고 그에 따른 연출을 했고, 고 유치진 등의 호평은 선택의 정당성을 증명했다. 이 극을 산울림의 본격적인 고정 레퍼토리로 삼은 것은 소극장 개관이 결정적 계기였다. 기본적 무대장치로 앙상한 나무 한 그루만 있으면 되는, 기동성 있는 무대라는 점도 크게 작용했다.

1988년 서울올림픽 때 올림픽 문화예술축전에 초청받은 「고도를 기다리며」는 국가적 대표성을 띠게 됐다. '부조리 연극'이란 말을 처음으로 쓴 비평가 마틴 에슬린이 출국

일정을 늦춰 가며 이 작품을 관람하고, A4 용지 5장에 달하는 리뷰를 남겼다. "산울림의 고도는 옳았다"는 것이었다. 이 거물의 평은 해외 공연의 신호탄이었다.

1989년 아비뇽 페스티벌에 참가했던 무대는 이듬해 더블린 페스티벌 초청으로 이어졌다. 원작자 새뮤얼 베케트의 고향 더블린은 한국적 해학의 '고도'에 역시 기대 이상의 상찬으로 답했다.

임씨는 "앞으로 1~2년에 한 번은 「고도를 기다리며」를 공연하겠다"며 부단한 버전업의 욕구를 드러냈다. "'고도'는 묘해요. 결함이 없거든요." 할 때마다 다르다는 사실에 대한 원로 연극인의 표현이다.

그는 "연습에 임해 작품을 펼치면 늘 새로운 작품을 보는 듯 신선감이 밀려온다"며 "지난번에 발견 못했던 게 더 생긴다"고 말했다. 그에게 이 작품은 무한히 열려 있는, 연극의 법열이다.

1936년생. 연극 · 뮤지컬 연출가로 한국예술문화단체 총연합회 제21회 예총예술문화상(2007), 제1회 뮤지컬 어워즈 공로상(2007)을 수상하였으며, 현재 극단 산울림 대표이다.

"내 춤 기본은 발 모양에 있어,
마음에서 나오는 춤은 무겁지"

민살풀이 명무_ 조갑녀

남원 춘향제를 달뜨게 하던 명무名舞의 주인 조갑녀 씨는 나이 18세에 거짓말처럼 세상에서 종적을 감췄다. 그의 자태를 눈여겨 봐 둔 갑부가 안방마님으로 들여앉힌 것이다. 늘그막에는 윤화까지 당했으나 내면의 부름을 거역할 수 없었다.

민살풀이. 흔히 긴 천을 들고 추는 살풀이만 알아 온 사람들에게는 잊힌 전통무용이다. 그 춤은 늘그막에 세상의 부름을 받았다. 인터넷에 '조갑녀'라는 검색어를 주면 금세 확인된다. 최근의 춤 무대가 둘 올라가 있다.

지난해 '하이서울' 행사의 창덕궁 공연 모습, 2007년 서울세계무용축제 중 「어머니의 춤」이란 이름으로 가졌던 조씨의 31년 만의 무대가 그것들이다. 극히 단아하고도 절제된 춤사위에 객석은 얼어붙은 듯했다고 네티즌들은 기억한다.

요약하자면 '법도 있는 무거운 살풀이'의 재탄생이었다. 그의 춤을 아는 사람들은 '인간문화재'라는, 마지막 꿈을 향해 달려가고 있다. 고향 남원에서는 2008년부터 그의 전수관 건립을 검토 중이다.

망구십이지만 집(서울 관악구 남현동) 부근의 미술관에서 그림 구경을 하고, TV로 세상 도는 소식을 접한다. 5년 전 그가 사고를 당한 뒤, 분신처럼 수발하며 춤의 정수를 전해 받는 큰 딸 정명희 씨가 세세한 기억을 도왔다. 권번券番이라는, 독특한 콘서바토리의 풍경도 인양돼 왔다.

－여흥거리가 아닌 '무거운 춤'으로 깊은 인상을 남겼다.

2008년 5월 문화재 지정을 신청, 남원 지방문화재가 됐다. 지금은 전주시를 거쳐 문화재청에서 심사 중이다. '무거운 춤'은 마음에서 나오는 춤이다. 내 춤의 기본은 발 모양에 있다. 그 사람 춤을 알려면 발을 보면 된다. 소리꾼으로는 조상현, 안숙선, 강도근 같은 무거운 소리를 좋아한다. 춤 잘 추려면 음악을 많이 들어야 한다.

－대를 이은 예인 가족이다. 남편도 예술에 깊은 이해가 있었다.

나는 딸 여섯 중 제일 큰딸이다. 아버지(조기환)가 남원 권번의 승무 선생(이장선)과 음악 동기다. 이 선생님께서 영숙이(조갑녀 씨의 예명) 몸에 춤이 들어 있다면서 나를 별도로 가르쳤다. 한성물산 사장으로 호남의 부자였던 정종식과 결혼하면서 춤 생각을 모두 접었다. 사회에서 춤 추는 일을 천직으로 봤기 때문이다. 남편은 국악을 사랑하고 예인을 존경했다.

－10년 몸 담았던 권번은 어떤 곳이었나.

남원 쌍교동에 있었다. 돈 많은 양반들이 투자한 학원이어서 학비는 없었다. 예절부터 시작해서 글과 무용을 공부했다. 9~12시 수업, 12시 점심, 13~15시 수업, 16시까지는 자유공부 등으로 규칙적인 일과였다. 가르침을 받는 방이 4개 있었고, 대문에 '남원 권번'이라는 간판이 걸렸다. 권번은 훌륭한 종합예술학교였다. 거기서 활도 배워 50대까지 활 쐈다.

시조를 즐겨 듣게 된 것도 그 덕분이다. 여덟 살 때 남원 춘향제에 나가 승무를 췄다. 양금으로 양반들의 음악인 '풍류 음악'도 배웠는데, 산조에 버금가는 춤 음악이다. 판소리(조씨는 그냥 '소리'라 했다)는 남도소리로 다섯 바탕을 다 뗐다.

곧 살풀이도 함께 배워 열두 살 때 춘향제가 열린 광한루에서 첫 공연을 했다. 남원 권번은 당시 권번을 관장하던 이백삼의 지시로 일본인들한테는 공연하지 않았다. 남원 권번이 그래서 못 컸다. 거기서 가르치기를, '기생들은 제대로 못 배운 예인이다. 접대부가 아니다'라고 했다.

-배운 이야기를 구체적으로 해 달라.

공부하면서 현장 나가 춤 추는 것이 곧 배우는 일이었다. 스승이 고집스럽게 가르치며 강요하는 게 아니라, 학생이 자기 춤 만들 기회를 줘서 스스로 터득하게 하는 방식이었다. '춤은 스승을 잡아먹어야 한다'고 했다. 이녁(가르침을 받는 학생)이 춤을 잘 출 기회를 스승이 막아서는 안 된다고 했다.

−흔히들 권번을 기생학교 정도로 알고 있는데.

권번에서 배우면 곧바로 (공연) 간다고 생각들 하는데, 그러기 위해서는 (형식적으로) 머리를 얹어야 한다. 비녀를 꽂아야 출장 가는 것이다. 나는 16살에 품행상 탈 때 얹었다. 기생이란 권번에서 예인 실기를 정식 이수한 사람을 말한다.

술 따르거나 문 밖에서 손님 시중하는 자들은 접대부라 불렀다. 기생, 접대부는 분명히 구분됐다. 조선시대 말엽부터 그렇게 나뉘었다. 그러나 나로서는 예기藝妓를 수청 기생인 양 오해하는 사람들의 인식 때문에 내 존재가 자칫 남편이나 자식들에게 누를 끼치지 않을까 하는 지레걱정이 있었다.

-춤을 추지 않다가 생각을 바꾼 계기는.

2004년 광한루 앞에서 교통사고를 당하고 나서였다. 아침 산보 나가다 차에 받혀 서울의 큰 병원까지 가서 9개월 치료받았는데, 병원에서는 임종 준비까지 하라더라. 이러다 내 춤이 사라진다는 생각이 들었다. 그래서 딸을 힘 닿는 대로 가르치게 된 것이다. 7년째다.

-자식한테 가르친다는 게 쉽지는 않았을 텐데.

초·중·고를 서양 무용한 막내딸이 대학 갈 무렵, 큰딸은 이매방 등 다른 선생들한테 전통 무용을 배우러 다녔다. 그러던 중 내 춤의 맥이 끊길 수도 있다는 우려를 듣고는 나한테 배우게 된 것이다. 결국 두 유파(일반적으로 알려진 살풀이, 수건 없이 하는 민살풀이)의 춤을 모두 배운 셈이다.

거동 불편한 어미를 새벽에 부축해 한 바퀴 먼저 돌고, 오후 1~5시 본격 수업을 했다. 내 춤을 존경한다는 국어 교사인 사위 덕분이다. 두 외손자도 고맙기 그지없다.

-왜 자신의 춤을 널리 알리지 않았나.

1970년대 중반 문화재관리국에서 '그 춤을 살려 문화재로 삼자, 그래서 공연도 많이 하자.' 했다. 그러나 아이들 혼사에 방해될 것 같았다. 일간스포츠에, '명무名舞' 시리즈를 연재하던 구히서 기자가 알고 찾아와, 간곡한 부탁으로 사진 몇 장 찍은 게 전부다(1982년 11월 20일자 일간스포츠 '명무' 시리즈 46편에는 조씨의 이름이 조갑례趙甲禮로 오기돼 있다. 그의 이름이 '갑례'라고도 알려진 이유다).

–최근 인터넷 등에서 인간문화재가 되어야 한다는 이야기가 많은데.

나한테서 춤을 배운 딸이 2008년 5월 이장산의 마지막 직계라며 남원시에 이야기했다. 요즘은 인간문화재가 되어야 춤을 인정해 주는 모양이다. 젊은 사람들 앞에서 시험 치듯 춤을 추려니 가슴 아팠다. 나한테 '장단을 아느냐'고 묻던데, 어이없었다. 문화재라는 이름을 달아야 인정받는 세태가 서글프다.

2009년 4월 전통문화예술 복원사업 대상자로 선정됐다는 통보를 받았다. 7월 7일 오후 7시 남원 국립민속국악원 대원당에서 재현과 복원 사업으로 춤을 추었다. 서울 공연도 준비 중이다. 나라에서 내 춤을 복원시켜 준다니 아주 고맙구먼.

–8남매나 두었다.

큰 부인이 자식을 넷 남겨두고 세상을 뜬 뒤, 내가 여덟 낳았다. 똑같은 마음으로 키우려 애썼다. 두 막내가 나를 이었다. 열한 번째 딸 정명희, 막내 경희(전주여고 무용교사)가 승무와 살풀이를 전수 중이다.

명희가 1년 반 전부터 양평군에서 무용강사로 내 춤을 40여 명에게 전수하고 있다. 2007년 6월에는 조갑녀류의 살풀이를 경복궁 내 국립민속박물관에서 독무로 8분 선보였다.

-하고 싶은 말은.

기생과 접대부는 분명 다르다. 그런데 얼마 전까지만 해도 전통 예인을 기생이라는 말로 불러 자식들 마음이 좋지 않았던가 보더라. 되도록 예인으로 해 달라.

"소설같은 삶 영화화 제의"

조갑녀 씨는 "춤은 참 맹랑한 것"이라 했다. 뜻을 물으니 "춤은 춤맛이 있어야 하며 아무나 못 춘다는 뜻"이라 했다. 최근 조씨의 그 '맹랑한' 삶에 관심이 쏠리고 있다.

서남대 국문과 서정섭 교수는 지난해 조씨의 삶을 녹취했다. 완벽한 기예를 습득한 현장과 그에 대한 사회적인 냉대의 시선은 한 편의 소설이었다. 영화화 제의도 있다. 남원 예총에서 주목한 부분은 그의 인내와 가족애. 특히 자식들의 앞날을 위해 자신의 전부를 초개처럼 버리는 모습은 이 시대에도 큰 울림을 줄 것이라는 기대다. 그러나 외부의 가외 시선을 극히 꺼리는 조씨 특유의 성정상 현실화될지는 불투명하다.

특히 40~50대에 조씨는 문화재 담당 기관으로부터 옛 춤꾼들과 자신의 춤에 관한 '취조'를 많이 당해 데일 만큼 데었다고 했다. 부산의 친척집 등지로 피해 다니기도 했던 것은 진작부터 내외하던 습관에 길들여진 탓이기도 했다.

1923년생. 권번주식회사 소속으로 30여년 활동. 춘향제 제1회부터 공로상 등 다수 수상했으나 결혼 이후 잠적했다. 2007년 예술의 전당에서 「어머니의 춤」으로 67년 만에 대중 앞에 모습을 드러냈다.

"막 내리면 모든 것 소멸하는
연극의 운명에 매혹"

극작가_ 이강백

노老 극작가의 변신은 무죄인가. 그는 머리에 검은 물을 들이고 청년처럼 와서, 제안했다. "멋있는 얘기를 하고 싶다, 철학적이고 우주적인." 그는 여전히 유쾌하고 선명했다. 새벽 2시 30분까지 글 쓰다 나온 사람 같지 않았다. 그는 즐겁게, 성실히 답했다.

신작을 공연하고, 1974년에 발표한 희곡 「결혼」이 뮤지컬로도 상연된다니 신이 났던 것일까. 막 끝난 문화예술위원회 참여 경험 역시 그의 서사 자본일 것이다.

－과실치사로 17년 옥살이를 하고 나온 남자의 속죄 행각(?)을 희극적으로 그린 신작 「죽기 살기」가 곧 공연된다.

2년간 쓴 최근작이다. 이제 나는 전업 작가가 아니다. 서울예대 극작과에 교수로 있으니 창작만 할 수 없다. 젊은 시절만큼 빨리 안 써지기도 한다. 그러나 끊임없이 쓰는 게 중요한 것 같다. 1971년 데뷔 후 해마다 한 편씩, 거의 40편은 썼다. 두 편 더 쓰면 여덟 번째 희곡집을 채울 것이다. 권당 5~6편 실려 있으니, 유치진, 이근삼 선생과 비슷한 분량이다. 머리에 검은 물 들인 건 더 쓰겠다는 의도다.(웃음)

자식을 마흔 명쯤 낳으면 아버지로서의 애착이 없어진다. 잘사는 놈이 많으면 좋을 뿐이다. 희곡집 10권까지 만드는 게 목표였는데, 요즘은 꼭 그래야 하나 생각이 들기도 한다. 한 10년 더 살겠지만, 지금까지의 점수를 매기라면 한 70점이다. 70점짜리 인생이란 그리 불만족스럽지 않은 인생이다.

－이제는 학교까지 챙겨야 하는 몸인데.

서울예대에는 2003년부터 재직하고 있다. 오태석, 윤대성이라는 두 거장에다 나까지 합쳐 '트로이카 시스템'이라고 화제였다. 오태석은 공연을 전제로 한 희곡 작가라는 점에서, 윤대성은 극작가를 길러낸 교육가라는 점에서, 나는 출판 텍스트 생산자로서의 희곡 작가라는 연극평론가 장성희 씨의 평가에 동의한다. 문학적 소산으로서 희곡을 창작한다는 지적 같다.

―당신이 쓴 희곡 40여 편의 주제와 소재가 모두 다양하게 보인다.

그래도 초기작들의 모티프가 변주된다. 그 사실은 「죽기 살기」에서도 확인된다. 좌절하는 영웅을 그린 초기작으로 내가 제일 좋아하는 「셋」을 보자. 유랑곡예단으로 도시를 전전하면서 총 쏘는 묘기를 보여 주던 장님 아버지가 자신들을 사기꾼으로 몰아붙이는 사람들에게 진실을 보여 주겠다며 맞서다 아들이 정말 총 맞고 죽는다는 내용이다. 그처럼 좌절하는 영웅의 모티프는 이후 「내마」, 「봄날」, 「죽기 살기」 등에서도 변주된다.

―사실주의 계몽극에 경도됐던 1970~1980년대에 당신은 우화극적 상상력과 반사실주의적 극작으로 한국 연극을 풍성하게 했다는 평가를 받는다.

25살 때 이승규, 박인환, 김진태 등 쟁쟁한 배우들이 있던 극단 가교 입단으로 시작했다. 막 내리면 모든 게 소멸하는 연극의 운명은 나를 사로잡았다. 처음에는 그게 가슴 아프고 견딜 수 없이 허무했는데, 소멸이 주는 깨끗함의 위안이 크다는 것을 발견했다. 소멸이 없으면 견딜 수 없는 게 삶이다. 연극하기를 잘했다고 생각되는 게, 막 내리고 소멸할 때 큰 위안을 받기 때문이다. 나는 모태 기독교 신앙인데, 영생에 대해 '절대 노No' 라 하고 싶다.

―이번 작품 「죽기 살기」의 메시지는 뚜렷하다.

소멸의 문제를 등한시하는 우리 시대에 대해 하는 말이기 때문이다. 은

유와 우의가 유보적 · 중립적이라는 지적도 있지만, 내 작품이 닫힌 구조라는 지적을 하는 사람도 있다. 「죽기 살기」는 우의성 · 단순성으로 밀어붙인 셈이다.

—그렇게 본다면 「봄날」도 다층적 구조로 읽힐 수 있지 않는가.

1984년 군사정권 시절을 배경으로 부자 사이의 갈등을 그렸는데, 우의적 정치극과 인간의 본능을 빗댄 가족사 사이에서 평이 분분했다. 그러나 군사정권기가 지나니 정치성이 희석돼 인간의 본능을 은유한 가족사로만 읽힌다. 2008년 공연(이성열 연출)될 때는 정치성이 완전히 희석됐다. 작가가 무엇을 썼느냐 하는 것은 시대에 따라 다양하게 읽히는 것이다. 모든 작품은 시대의 산물이다. 작가의 확고한 주장도 가변적이다. 시간을 건너뛰어 살아남는 작품은 시대에 따라 새로 읽히는 법이다.

예를 들어 「불지른 남자」의 경우를 보자. YS정권 때 쓴 그 작품은 미 문화원 방화 사건의 주동자를 주인공으로 했다. 시간이 지나 민주화운동의 사회적 의미가 희석되고 모두가 이기주의자가 돼 좌절하는 이야기다.

그러나 당대에 너부 '눌어붙어' 이세는 공연되지 않는다. 백상예술대상 희곡상을 받았고 시대의 정곡을 찌르는 작품으로 호평을 받았으나 지금은 전혀 상연 안 된다. 희곡 작가들은 동시대에 메시지를 던진다는 점에서 시의에 민감해야 하면서도 생명력을 의식해야 한다는 딜레마를 경험한다.

―문학 쪽에만 논의가 치우치긴 하지만, 이제 우리도 노벨상 탈 때가 안 됐나.

해롤드 핀터, 새뮤얼 베케트, 다리오 포 등이 희곡으로 노벨문학상을 받았다. 그런데 한국은 희곡을 문학에서 제외하려는 경향이 있어, 신춘문예에서도 홀대받고 있다. 그런 점에서 본다면 신춘문예에서 희곡 분야를 지속해 온 『한국일보』는 장하다. 독일문학 쪽을 보자. 괴테, 실러, 브레히트 등은 희곡 문학에 엄청나게 기댔다.

함세덕, 오영진, 차범석 등의 대가들을 보유하고도 유독 한국이 희곡에 홀대가 심한 것은 큰 손실이다. 문화예술위원회에서 내가 2년 동안 해왔던 희곡 활성화 프로그램도 최근 없어졌다. 그나마 상연을 전제로 한 희곡 지원사업의 제작비 일부도 슬그머니 없어졌다. 최소한 5년은 유지됐어야 했다. 어디에다 이 부당함을 호소해야 할지조차 막막하다. 사실 극작가를 배려하는 프로그램은 하나도 없다. 신진 극작가들한테는 작품료가 아예 없는 경우가 허다하다. '공연 지원'이라는 막연한 말로 뭉개고 있다.

―현실적 제안이 있다면.

이제 체념한 상태다. 한국이 언제 지긋이 (어떤 제도를) 시행한 적이 있는가. 서울연극제는 같은 극작가에게 계속 쓰게 한 폐단이 있긴 했지만 그래도 30년 동안 290편을 건졌다. 그걸 보면 제도의 힘이 큰 것은 사실이다. 서울연극제는 창작극만 고집하지 말고, 기존 공연작이나 번역극 공연으로 문호를 개방할 필요가 있다.

「오아시스 세탁소 습격 사건」

–순수 창작 희곡은 어떻게 해야 할까.

대학로의 극장이 103곳(인터뷰 당시)인데, 극작가 지망생들에게 그 점은 분명 희망이다. 국제 저작권법에 의하면 외국 희곡의 자의적 상연은 불가한 것으로 돼 있다. 외국 희곡 상연을 알선하는 대리 중개인이 없는 상황에서 공연은 현실적으로 창작극 위주가 될 수밖에 없다. 그래서 새 번역극 공연이 낙타 바늘구멍 통과보다 어렵고, 아마추어 극단이 아니라면 고전작만 해야 할 판이다. 매일 100여 개의 연극이 올라가는데 극단들은 작품 없다고 아우성이다. 이 판국에 창작극 빈곤 현상은 최근 더 심각해졌다.

지금 우리 연극계는 메시아를 기다리는 팔레스타인 사람이나 다름없다. 이때 훌륭한 극작가는 '별'이 될 것이다.

-공연 중인 작품으로 중학교 국어 교과서에 수록돼 화제를 모은 「오아시스 세탁소 습격 사건」이 그 예가 될 수 있나.

수요에 비해 공급이 달린다는 것을 증명하는 좋은 예다. 연극계의 문제점만 늘어놓지 말고, 극작가를 길러낼 현실적 방안을 강구할 때다. 신예 작가들로서도 그것이 소설가나 시인의 길을 뚫는 것보다 유망하다. 나는 YS 정권 당시 중학교 교과서에 「들판에서」라는 것이 실렸다. 그 밖에 검인정 교과서 9개에 「파수꾼」, 「결혼」 등 18종이 실렸다. 이것만으로도 먹고 산다.

-당신은 지금 어디쯤 와 있나.

나한테는 지금 '소멸에 대비하라'는 프로그램이 작동 중이다. 육순을 어떻게 받아들일까 하는 문제로 집약되는데, 나는 죽음을 자연스럽게 생각하고 대비하려 한다. 죽음을 나쁘게만 보는 것이 현대 사회다. 젊고 아름다움은 20대라는 한 시기에 국한된 것일 뿐이다. 성형수술, 다이어트 등 현대 산업문명이 제시하는 모델들을 본받으려 하지 말라. 그것은 「죽기 살기」를 쓴 동기이기도 하다. 죽는 것과 사는 것이 동격인 한국어의 특성에 착안한 이번 작품은 노령사회가 된 한국에 보내는 메시지다. 자기 삶에 만족하는 사람은 죽음을 받아들이는 데 여유롭다. 죽음에 대한 생각은 곧 삶에 대한 생각이다. 죽음이 배제된 문화란 산업자본이 만들어 낸 허상이다.

"대학로 대극장 무대마저 잃을 위기
문화 부르짖는 시대의 모순에 비참"

이강백 씨는 "엄청난 충격"이라고 말했다. 최근 국립 공연시설의 장르별 특성화 방안에 의거, 대학로의 아르코대극장을 무용 중심 극장으로 만들자는 일각의 견해는 문화를 부르짖는 이 시대의 모순을 극명하게 드러내는 것이라 했다.

그곳은 대학로의 중심이라는 상징적 의미를 가지는 것 외에도, 소극장 일색의 대학로에서 제대로 된 대극장 훈련을 받을 수 있는 소중한 공간이라는 것이다. 이씨는 "극작가로서 반드시 이 문제를 기억할 것"이라며 "이런 비극이 아무렇지도 않게 일어나는 것은 '국치일' 수준"이라고 말했다.

문민정부 수립 이후 사회적 죄의식이 사라지고 무대에도 웃음이 요구되면서 결국은 대학로 103개 극장의 '하향평준화'로 귀결됐다는 것이다. 배우들의 발성법과 동작이 왜소화한 것도 그 결과의 하나라고 지적했다.

"불균형한 한국 연극의 균형을 찾고자 하는 바람을 연극계의 이기주의로 몰아붙이는 것은 불쾌한 행동이에요. 무용계를 등한시하는 게 아니죠. 연극의 상징을 빼앗으려 한다는 자체가 어불성설이니까요."

1947년생. 극작가로 백상예술대상희곡상(2001), 서울연극제 희곡상(1998)을 수상하였으며 현재 서울예술대학 극작과 교수이다.

"50년 모은 미술자료
10톤 트럭 1대분 시민품에…
민중예술 작업 외길에 만족"

판화가_ 이용길

이사 갈 때면 그의 집 앞에는 형사가 얼쩡댔다. 31돌을 넘긴 환경단체, 낙동강보존회의 창립 회원으로 '사건'이 터질 때마다 시위대 맨 앞에 서서 구호를 외쳐대니, 요주의 선상에 오르는 것은 당연한 일이다.

그 판화가 이용길 씨가 최근 또 다른 차원에서 주목받고 있다. 2009년 3월 부산시립미술관에 50여 년간 모은 미술 관련 자료를 모두 기증한 것이다.

미술 서적 1만여 권, 부산 미술 관련 기사 스크랩 100여 권, 전시 팸플릿 수천 부, 포스터 500여 점 등 한데 모으니 10톤 트럭 1대분이었다. 현재 분류·정리 작업 중인 이 자료들은 상반기 중으로 미술관 내 '부산미술자료정보센터'라는 간판 아래 완벽한 데이터베이스로 거듭난다. 부산진구 양정동에 있는 그의 집은 여전히 각종 미술 자료 더미에 파묻혀 있다.

다시, 길을 떠나다

―어쩌다 그렇게 많은 자료들을 모았나.

보고 즐기려 모으다 보니 그렇게 됐다. 1960년대는 인사동 뒤져 미술 관련 자료를 모으고, 1970년대는 대한민국의 미술 서적은 다 구했다. 1980년대부터는 너무 쏟아져 나와 포기했지만. 이후로는 신문 기사나 팸플릿에 의지해 부산 미술사 자료들을 모았다. 국내 미술 전문지 『공간』과 일본의 『미즈에』 등 1960~1990년대 미술 잡지들은 거의 다 있을 거다.

―하버드대에서도 알았다는데.

그곳 한국학연구소에서 '디지털 시대에 아날로그 자료의 실증적 중요성을 증거하는 자료' 라며 『부산미술사료』(2006, 부산발전연구원 부산학연구회 발행)를 부쳐 달라고 요청하더라.

원래는 200자 원고지에 쓴 것을 문헌정보학 전공한 딸이 컴퓨터에 입력, 이를 근거로 책을 만들었는데 그게 부산발전연구원의 도메인(www.bdi.re.kr)에 올라 인터넷에 노출된 것이다.

그 책은 『부산 미술시 연구를 위한 사료 정리』, 『가마골 꼴아솜 누리 ('부산 미술계 반세기' 를 그가 순 우리말로 바꾼 표현)』 등 지금껏 낸 단행본 3권 중 하나다.

이 소식이 알려지자 서울의 연구자도 부산발전연구원 사이트에 들어가 자료를 구하기도 하더라. 그러잖아도 서울의 주요 미술관이나 미술 전공자들은 진작부터 내가 모은 자료의 단골 대출자들이었다. 정확한 미술사를 위한 실증 자료로 쓰이기를 바랄 뿐이다. 이 같은 체계적 정리는 전국적으로도 없는 일이라고 서울의 평론가들도 감탄한다.

–어떤 점이 그토록 중요하게 비쳤을까.

1920~1990년대 부산 미술은 거기 다 있다. 전람회 자료, 평, 관련 기사는 기본이다. 초등학교 4학년이던 1948년 국전보다 1년 앞서는 부산미술전람회를 구경한 뒤, 중학교 때부터는 전람회 팸플릿을 모으기 시작했으나 잃어버렸다. 지금 갖고 있는 가장 오래 된 자료는 부산상고 1학년 때인 1954년 다방에서 했던 어떤 동인전의 팸플릿이다.

–예술적으로도, 사회적으로도 당신에게는 부산이 늘 중심이었다. 서울이 싫은가.

나는 처음부터 '가진 자들을 위해 작품하지 말자, 대중을 위해 (예술을) 보급하자, 그들과 공감할 수 있는 작품을 하자'고 생각해 왔다. 돈 많이 안 생기면 저급 미술이라는 미술계의 의식에 대한 반감이다.

미술도, 매스컴도 상업성에 편승하는 데가 서울이다. 미술 전문지란 것들을 보라. 시민의 눈은 관심 밖이다. 잣대는 오직 돈이다. 그걸로 연중^{年中} 사기 치고 있다. 서울에 있는 작가들은 모두 돈 버는 예술 행위를 할 뿐이다. 그런 일 안 해도 되는 이곳 부산에서 사는 것이 행복하다.

이른바 대평론가들의 선동을 제대로 볼 줄 알아야 한다. 서울의 미술계에는 마피아 같은 조직이 보이지 않게 움직인다. 거기에 편승하지 않으면 굶어 죽는다. 미술 잡지들은 고급스런 용어로 시민을 헷갈리게 할 뿐이다. 서울의 미술계는 시민을 위한 아름다움의 발굴은 없고, 눈을 왜곡되게 할 뿐이다.

─요즘 기성 작가의 작품으로는 보기 드문 목판화를 고집하는데.

나는 대한민국 판화 1세대다. 목판을 택한 건 가난해 목판화밖에 할 수 없었던 시대적 상황이 가장 큰 이유다. 동판화를 배우러 1970년대 말에는 일본에 살기도 했고, 실크스크린이나 석판화도 좀 한다. 물론 고교 이후 수채와 유화도 해 왔다.

동판화 같은 것은 섬세함이 내 성질과 안 맞기도 하지만, 목판화를 정규 미술로 인정하지 않는 기존 미술계의 관행에 반발심이 일었다. 목판화는 이른바 '적극적 순수 조형의 세계'가 아니라는 이유로 아웃사이더로 몰린 것이다.

그러나 나는 흑백 세계의 깊이를 살려, 파고 찍는 게 재미있었다. 무엇보다 대중이 즐길 수 있다는 점이 좋았다. 나는 생생한 느낌을 솔직히 표현해 왔을 뿐이다.

─라틴 아메리카나 중국이 혁명할 당시, 목판화는 민중예술로 각광받았다.

판화는 시민을 위한 예술이다. 판화가 발전한 것은 대량 생산의 매력 때문이다. 나는 작가가 죽고 난 뒤 가격 오르는 '물건'이 아니라, 돈이나 자본주의에서 자유로운 '작품'을 만들고 싶다. 이중섭의 스케치를 1억 주고 사면 어쩌잔 말인가. 예술이 그렇게 (자본에) 당하고 있는 것이다.

서양에서 판화 작품은 도서관에서도 취급된다. 인쇄물이자 도서관의 컬렉션이기 때문이다. 판화는 원래 글 모르는 민중에게 효과적으로 전도하기 위해 시작됐다. 팔만대장경도 원래 표지가 있었는데, 이름 없는 각인刻人들이 불경의 내용을 그림으로 표현한 「화엄변상도華嚴變相圖」가 그것이다(그는 소장 중인 원화 몇 점을 보여 주었다).

화엄경을 80권으로 나눠 텍스트를 쓰기 전, 앞으로 나올 내용을 그림으로 그려 각刻한 것이다. 이는 민중미술의 초기 단계라고 볼 수 있다. 그렇듯 못 가진 자를 위하는 편에 선 그림이 판화다.

─그 같은 사실을 판화 시작할 때부터 의식했나.

미술과 철학 서적을 고교 때부터 찾아봤다. 고흐, 고갱이 민중미술가였다는 사실을 안 것은 서머싯 몸의 「달과 6펜스」를 보고서였다. 스탈린과 히틀러 전기를 나는 당시 '똥종이(시멘트 포장 용지)'에 찍힌 글로 봤다. 내가 고교 다닐 때, 지식욕 있는 사람들은 다 그런 책 봤다. 모두 순전히 자발적이었다.

좀 더 깊이 알려면 인문학, 철학을
해야 하는데 지금 젊은이들은 반대
다. 철학과 문학을 모르는 화가들이
자기도 모르는 소리를 한다. 특이한
것만 만들어 내면 그만이라는 식이
다. 매스컴이 부추기는 탓이다. 중국
미술도 썩어빠지고 있다. 진짜 민중
미술가는 앞에 나서지 않는다.

『부산미술사료』

−중앙 무대에 왜 안 나오나.

"니 작품이 팔리기 시작하면 그때부터 니는 망하는 거다, 임마." 아끼
는 후배한테 하는 말이다. 상 안 받고 안 팔리는 게 낫다. 그래야 순수한
미술을 할 수 있는 세상이다. 서울이란 데는 모두 똑같아지는 곳이다.

나는 지방을 '제자리'라고 한다. 상업성에 휩쓸리지 않고 사는 이 편안
함을 서울은 모른다. 예술가는 시민을 즐겁게 해 주는 사람인데, 서울은
돈 만드는 사람으로 착각하고 있다. 부산 사람만이라도 즐겁게 해 주니
이만하면 나는 바람직하지 않은가.

백남준이 "내 작품은 사기"라고 털어놓은 것은 후련한 소식이었다. 예

술을 빙자해 보는 사람들을 헷갈리게 하는 것이 요즘 예술이다. '임금님은 벌거숭이'라고 말할 사람이 요즘은 없다. 엉터리 조형 예술을 엉터리라고 말 못하는 세상이다.

그러다 보니 "예술은 보통사람이 이해 못하는 것"이란 말까지 버젓이 통한다. 논어에 '회사후소繪事後素'라는 말이 나온다. '사람 되고 나서 미술하라'는 말이다.

– 부산 사랑이 극진하니, 부산에서 보답도 했겠다.

2007년 10월 부산광역시장으로부터 '문화상 전시 예술 부문'을 부산판화가협회 고문의 자격으로 받았다. 1989년 11월 부산 향토문화사업협회의 제18회 향토문화상(판화 작업·교육), 1970년 부산 판화협회상 같은 것들이 있다.

– 혹시 서울에 대한 열등의식은 없나.

솔직히 그런 것도 있다. 돈벌이 못 하고 알랑대지 못 한다는…. 그러나 인정하고 나니 편하고 자유스럽다. 열등의식이란 타인을 죽이기도 한다. 나는 '꼴값하네'가 참 좋은 말이라 생각한다. 생긴 대로 사는 거다.

"순 우리말 미술 용어 만들기 혼신"

그는 행동하는 인문주의자다. '행동'은 환경보호론자의 당연한 귀결이고, '인문'은 우리
말 사랑의 결과다.

현재 그는 낙동강보존회 부회장으로 일선에서 물러나, 학술대회나 걷기운동 등 대중 작
업에 몰두하고 있다. 그러나 1991년 페놀 사태 등 경남 지역의 환경 현안에서는 시위대
의 전위를 지켰다. 그에게는 운동의 마지노선이 있다. "여타 환경단체와는 달리, 관官과
는 절대 관계 안 합니다." 나라를 들끓게 한 대운하 계획을 두고 그는 " '망가(만화)' 같은
짓, 택(턱)도 없는 일"이라고 했다.

30년째 혼자서 해 오고 있는 순 우리말 미술 용어 만들기 작업은 또 다른 축이다. 북한에
서 나온 것들을 포함해 국어사전만 100여 종을 모았다. 알록달록 촘촘히 밑줄도 그어져
있다. 정치가나 학자들이 우리말을 버려 놓아, 정화 작업이 절실하다는 믿음이 굳건하다.
"뭣보다 내 생활이 바르게 돼요. 지식의 포로가 된 지식인이 아니라…." 진한 부산 사투
리에 그런 생각이 얹혀 나온다. 그의 책장에는 틈틈이 조사·기록해 둔 낱말 카드 수천
장이 줄지어 있다. 세 가지 없는 것이 있다. 핸드폰, 자동차, 컴퓨터.

1938년생. 판화가로 한국판화협회 대상(1970), 부산시문화상(2007)을 수상하였으
며 현재 낙동강보존회 부회장으로 재직 중이다.

"수백곡 히트 원로작곡가의 저작권료
상상 이하, 저작권 정확한 분배에 온 힘"

가요 작곡가_ 정풍송

30년 묵은 마란츠 앰프는 곡을 쓰느라 밤을 지새우던 그를 똑똑히 지켜봤다. JBL 스피커를 통해 「웨딩드레스」, 「아마도 빗물이겠지」, 「허공」 등 무수한 히트곡을 들려 주었을 것이다. 작곡·작사·편곡가 정풍송 씨에게 오면 김수환 추기경도 뽕짝이나 발라드의 소재가 된다.

그러나 잠시 모두 접고 일어나, 그 시간에 대한 정당한 처우를 바란다. 그것이 가요계 어른된 자의 도리이며, 후배로서의 의무라고 믿기 때문이다. 정씨가 2009년 중견 작곡가 50여 명과 함께 가요 저작권료에 대한 '분배 악법 개선 비상대책위원회'의 첫 시위에 나선이래 일련의 활동을 잇고 있는 연유다. 무엇보다 위원장으로서의 이름값은 물론 뒤늦게 밝힌 본명에 책임져야함을 안다.

–돋보기 안경이 어지러워 보인다.

1970년대 초 KBS 근무 당시, 박봉에 지휘에다 편곡 작업까지 해야 했다. 곡당 편곡료 800원, 지휘료는 400원이었다. 방송을 2~3일 앞두고 열댓 곡은 해치워야 했다. 영화음악의 작·편곡 작업까지 하다 보니 1주일에 2~3일은 밤샘해야 했다. 38세부터 돋보기를 썼는데, 지금은 고도 원시가 됐다.

–본명을 밝힌 데 특별한 이유라도.

내가 한창 활동하던 때의 가요 음반은 「박춘석 작곡집」처럼 작곡가 위주였다. 나는 작곡은 물론 작사, 편곡, 지휘까지 혼자 다 했으니, '다 해 먹어라'는 볼멘소리까지 들었을 정도였다. 그런데 저작권 문제에서는 본명을 밝혀야 하므로 더 이상 어쩔 수 없었다. 가명(정욱)으로 작사자를 밝힌 이유다. '저작권 선진국에서는 가명 쓰면 손해 보는 일도 생기니 이제는 본명을 밝히라'는 충고도 여러 번 듣던 터였다. 앞으로는 작·편곡, 작사 모두 '정풍송'이라 밝히겠다. 지금도 정욱이 나라는 걸 모르는 사람들이 많다. 어떤 라디오 프로에서 나의 앨범 소개하던 아나운서가 '정풍송–정욱 명콤비죠'라고 하더라.

–커밍아웃한 셈인가.

이름만 찾은 게 아니다. 3년 전부터 저작권협회의 평회원으로 분배제도 문제에 관심을 가지게 됐다. 한 일 년쯤 있으니 후배들에게서 협회를 이끌어 달라는 말을 듣기 시작했다. 당시 협회의 집행부가 부정을 저질러 물의를 빚던 때였다. 사실 큰 이권이 걸려 있는 자리였다. 그동안 그 자리에 선출되려고 막대한 선거자금이 동원된 게 그런 이유였다. 추문 없고 양심적인 선배 찾다 보니 나한테까지 왔다고 했지만, 내 일은 아닌 것 같아 물리쳤다.

-비대위 일을 왜 맡았나.

2008년 6월 저작료가 2분의 1 내지 3분의 1로 줄어들었다. 가요계의 대선배이면서 수백 곡의 히트곡이 여전히 살아 있는 손석우, 반야월, 박시춘, 이제호 등 1세대 작곡가들에게 돌아가는 한 달 저작료가 300만 원을 밑도니 팔순, 구순 나이에 병원료도 제대로 못 내는 딱한 처지다. 2세대가 박춘석, 길옥윤, 이봉조, 김인배라면, 나를 비롯해 김영광, 김희갑, 정남섭, 남국인 등은 3세대라 볼 수 있다. 작곡 생활 40년의 시기 구분을 하라면 그렇다. 그런데 요즘 잘나가는 젊은 작곡가들은 방송, 온라인, 단란주점, 노래방 등 해서 저작료만 한 달에 1억은 된다. 반면에 선배들은 저작권협회의 연간 1인당 관리비인 70만 원도 못 버는 사람이 적지 않다. 후배된 도리로 그분들의 고생을 더 이상 헛되게 할 수 없다는 마음이다. 문제는 그뿐 아니다. 유흥 단란주점은 법적으로 청소년 출입금지구역으로 돼 있는데 바로 그들을 대상으로 한 노래들이 1, 2위라며 버젓이 공개돼 있는 실정이다. 우리는 일차적으로는 그 점에 대한 의혹을 강하게 제기하는 것이다.

–저작권협회 집행부라는 데가 대단한 권력인가 보다.

곡 만드는 사람들은 수십 년간 프리미엄을 독점해 온 그들의 눈에 들도록 작품을 쓰게 된다. 그들은 또 연주자 사용은 물론 방송 여부도 충분히 조작 가능하다. 나는 노래방 회사, 업소, 여론기관 등지의 자료를 검토해서 6월 말까지는 새 분배제도 계획을 마무리지을 생각이다. 지방 중소 도시의 현황은 물론 서울의 경우 명동, 강남, 대학로 등지로 세분해 확실한 기초자료를 만들겠다.

–어떻게 하자는 건가.

일본은 통신 가라오케이므로 100% 관리되는 셈이다. 한국의 노래방도 (잡음을 없애려면) 은행의 온라인 시스템처럼 전국적 관리망을 구성하자는 것인데, 수억대의 경비가 필요한 일이라며 난색이다. 정부와 저작권협회가 함께 나설 일이다. 현재 금영(65%), 태진(35%)으로 나뉘어 있는 노래방 기기들에 대해 실시간으로 정확히 체크될 수 있도록 해야 한다. 사용 중인 모든 노래들을 저작권협회에 데이터화해서 정확히 분배해야 한다.

또 국민이 애창하는 뽕짝의 명곡이 방금 나온 곡과 같은 대접을 받는 것도 말이 안 된다. 그 때문에 옛곡과 신곡에 가중치를 부여하는 방안 등 구체적 대안을 검토하고 있다. 원로 작곡가들만의 문제가 아니다. 부침이 심한 현재 우리 가요계에서는 곡을 낸 지 2년만 되면 잊힌 작곡가 신세가 된다. 수입이 급격히 저하한다는 말이다.

−동지는 있나.

신상호, 박성훈, 손석우, 반야월, 임종수, 원희명 등 작곡가와 김동찬, 김병걸 등 작사가들이 비상대책위원회를 결성했고 그 밖에 60여 명이 함께 가기로 서명했다. 2009년 4월 30일 문화체육관광부 앞 집회가 신호탄이었다. 5월 초 저작권협회 지명길 회장과 논의, 수익이 작사·작곡·편곡자에게 골고루 분배되도록 잠정 합의했다. 실무적인 구체안으로 보충해 나가겠다.

−현 정부와 말은 잘 통하나.

참여정부 때의 분배제도 개선책은 386세대, 즉 젊은 가수와 작곡자들의 입맛에 맞춘 것이 아니었나 하는 의심이 있다. 그런데 이 정권은 대화의 자세가 엿보인다.

−대중예술가로서 스스로를 어떻게 평가하나.

나는 작사와 작곡을 동시에 하므로 노랫말과 선율의 클라이맥스를 일치시킬 수 있다는 덕을 많이 본다. 더러 타인의 가사를 받을 때도 있지만 한 줄만 인용해도 그 사람 이름을 꼭 달아준다. 편곡은 악단 구성에 따라 영화방송·녹음용 등으로 나뉘는데, 곡 당 평균 3~4시간 걸린다.

적어도 「허공」 같은 곡 한 번 더 나온 다음에라야 히트곡집 같은 것 생각하겠다. 스스로에게 엄격한 것은 예술의 기본이다. 나는 미국의 민요 작곡가 포스터처럼 누구에게나 쉽고 편한 음악이 좋다. 그러면서 품위 있고 정서를 고양시키는 음악이다. 예를 들라면 한상일의 「웨딩드레스」, 홍민의 「석별」 등이 있겠다.

ㅡ숨은 걸작이라 할 만한 작품이라면.

「허공」이 나온 직후 윤수일·최진희가 부른 「찻잔의 이별」(1987)이다. 윤수일에게 듀엣으로 불러야 한다는 조건으로 준 곡이다. 때마침 나하고 연습 중이던 최진희와 녹음을 함께하게 됐는데, 문제는 서로 소속사가 다르다는 점이었다. 소속사 간에 그 곡을 양쪽의 작품에 각각 싣는 것까지는 타협 보았으나, 돌아서서 주판을 굴린 각 회사가 히트를 쳐도 자기네들은 돈 못 번다는 판단에 엉뚱한 방해공작을 놓았다. 그 사람들이 방송국 PD들한테 가서 '그 곡은 틀지 말아달라' 고 로비하는 해프닝까지 빚어졌다.

스물세 살 때 지은 「나그네」(1964)도 아깝다. 작곡 공부할 때 심혈을 기울여 쓴 곡으로, 좋은 가수가 나올 때까지 아끼고 있었다. 마침 내 팬을 자처하던 테너 임웅균에게 그 곡을 포함해 12곡을 줬다. 그런데 임웅균이 자살 충동을 불러일으킨다는 옛 팝송 「글루미 선데이」처럼 너무 무거워 진짜 자살자가 생길지 모르겠다고 해 발표는 안 했던 거다. 열린음악회에서 한 번 소개한 적 있는데, 임자 만나면 꼭 부르게 하고 싶다. 노래방 기계에는 들어 있는데, 노래방 갈 때 있으면 가끔 부른다.

−꽤 심각한 젊은이였나 보다.

초등학교 때부터 소설에 빠져 있었던 게 큰 이유 같다. 책 좋아하던 사촌누나가 박계주의 「순애보」, 황순원의 「소나기」 같은 소설을 많이 빌려줬다. 6·25 때 밀양 육군병원에서 처참한 광경을 많이 봤기 때문인지도 모르겠다.

정풍송은 …

"국악을 시대에 맞게 되살려 낸 가요계의 노력,
성공 여부를 떠나 계속 시도할 것"

저작권 문제는 이권 다툼으로 비치기 십상이다. 불가피하게 이권이나 금전 문제가 끼어들어 어깃장을 놓을 것이고, '3년 송사에 거덜나지 않는 집안 없다'는 말마따나 안 그래도 탈 많은 가요계가 자중지란에 빠진 것처럼 보일 수도 있다. 실제로 법률 적용을 놓고도 발표 시기를 어디까지로 볼 것인가 등에 대한 지엽적 문제로 지루한 공방 혹은 교란 전술이 개입된다.

신구세대에 끼어 처소를 확보받지 못하는 그의 가요 역시 비슷한 신세. 그것은 미상불 낀세대―적어도 가요 부문에서는―가 되어 버린 자기 세대의 정당한 요구일 수도

다시, 길을 떠나다

있다. 중년의 노래가 없다는 정풍송 씨의 볼멘소리는 소통 부재의 문화 상품 소비 구조를 겨냥하고 있다.

"특히 요즘 인기 가요란 것을 보면 너무나 표피적, 말초적이죠. 또 '국민가요' 란 것들은 관광버스 안에서 술에 취해 부르는 노래들 아닙니까." 그 원인이 방송국이 마땅한 책임을 포기하기 때문이라는 단언이다. 가수들과 새 곡을 준비해 봤지만, 가수들부터가 "이런 곡은 (방송에서) 틀어주지 않는다"며 지레 굽죄이기 일쑤라는 것이다. "한국의 대중예술 수준은 방송국이 망친다"는 말은 논리적 귀결이다.

2009년 3월 손심심 등 국악인들과 작업해 만든 음반 「매화꽃 사랑」이 실제 증거다. "국악을 우리 시대에 맞게 되살려 낸 가요계의 노력"이라는 호평도 그때뿐이었다. 우리 말 발음도 제대로 안 되는 아이돌 스타에만 눈이 팔린 방송국 측은 '대중성 없다' 는 이유로 나 몰라라 했던 것이다.

그의 태도는 엄정하고도 단호하다. "실패나 성공 여부를 떠나, 작가라면 계속 시도해야죠." 그의 성격도 단단히 한몫한다. 2004년에 냈던 앨범 「김수환 추기경님께... 정의파의 편지」가 좋은 예다.

그 무렵 열린우리당이 코드론 운운 하며 추기경 폄훼 발언을 했던 사건이 그의 마음을 불편하게 했던 것이다. 그는 천주교 신자가 아니지만 추기경을 존경하고 있었다. 그가 아는 추기경의 평소 모습 그대로를 담아 작사 · 작곡을 하고, 위로 편지 대목은 낭독까지 했다. 선뜻 나서는 가수가 없어, 내친김에 노래까지 불렀다. 중후한 바리톤의 60대 신인 가수 하나가 그렇게 떴다.

1941년생. 작곡가로 제13회 대한민국연예예술상 연예인 봉사상(2006), 대한민국연예예술상 특별공로상(2002)을 수상하였다.

"창작극-소극장-연출가 중심,
동그랗게 뜬 연우무대의 두 눈은
시대를, 당신을 지켜보고 있다"

예술감독_ 정한룡

"가장 격렬하게, 탐욕스럽게 진실을 위해서만, 그리고 관객에게 책임질 수 있는 연극 행위를 한다!" 1977년 한 중국집에서 극단 연우演友무대의 씨앗이 투하됐고, 1년 뒤 첫 결과물로 나온 「아침에는 늘 혼자예요」는 그렇게 선언했다. 창작극만을 고집했다. 연극이라는 렌즈를 통해 현실을 직시하고자 했던 욕망은 필연적으로 기존 질서와 버성길 수밖에 없었다.

1980년대 초 6개월 공연정지 처분을 불렀던 마당극 「나의 살던 고향은」(1984)의 기억도 아득한 풍경이다. 정권에 밉보인 단원들이 당국과 숨바꼭질을 해야 했던 시절도, 서울 한복판에서 땔감을 구해 모닥불을 피우며 버텼던 시절도 있었다.

연우무대 대표로 풍상의 세월을 감당하다 한 발 물러나, 8년째 예술감독으로 있는 정한룡 씨가 터득한 지혜가 있다. "먼 길을 가려면 절대 뛰지 마라. 그러나 쉬지는 마라"는 중국 속담이다.

그는 "한국은 단거리 선수가 가장 우대받는 나라지만, 5~10년 뒤를 생각한다면 그렇게 허겁지겁하지 못할 것"이라고 말했다. 바로 그 전략이었다. 동그랗게 뜬 연우무대의 두 눈은 시대를, 당신을 지켜보고 있다.

—연우무대를 상징하는 심볼의 이미지가 강렬하다.

두 눈의 발상은 연출가 김광림, 디자인은 연출가 이상우가 했다. 지우개를 파서 만든 작품이다. 극단 이름보다 마크가 더 유명해지기도 했다.

—큰 도로 하나를 사이에 두고 대학로와 떨어져 있다 해서 '오프 대학로' 라는 얄궂은 구분법으로도 불린다. 큰 길 너머의 상황을 어떻게 보나.

요즘 사람들이 걷는 걸 싫어하다 보니 '오프'로 편입된 셈이다. 연극 관객이 감소한다는 말도 있는 것 같은데, 공연장 증가 추세에 따른 희석의 결과로 보고 싶다. 그것보다는 IMF사태를 계기로 해 연극 고유의 자생력이 소실돼가고 있다는 게 문제다.

—연극을 하는 것 자체도 버거웠을 텐데 창작극만 고집했다.

우리는 연극을 통해 현실을 비판해 왔다. 그런데 1987년 6·10 민주항쟁 이후 사회비판적 연극이 차츰 일반화되기 시작했다. 연우의 정체성이 상대적으로 흔들릴 정도였다. 1992년에는 집행부에서 '명예롭게 자폭하라' 는 해체론까지 나올 정도였다. 그 당시 극단을 떠나 광고회사에 있던 내게 메시지가 왔다. 극단 창립 최연장자인 나의 결정을 따르겠다며. '나서 달라' 는 말보다 더 무서웠다. 나 아니었다면 연우무대는 '아름답게 자폭한, 전설의 극단' 이 됐을 거다.

－모진 세월 속에서도 연우무대가 지난해 창립 30주년을 맞았다는 사실은 하나의 사건이었다. 『연우 30주년』이라는 두툼한 책까지 나왔다. "그놈의 정 때문에" 결국 대표까지 맡게 된 당신의 소회가 책의 서두였다.

대표 일은 '내가 생각하는 연우는 아닐지라도 이 시대가 원하는 연우라면 그 또한 좋지 않겠는가' 라는 생각으로 해 왔다. 현재는 극단의 실제적 일들은 젊은 친구들한테 넘기고 예술감독 일에 전념하려 한다.

－대선배로서 현재의 연우무대를 정리하자면.

세 가지 양식으로 나뉜다. 최근 공연한 「해무」는 연우무대가 쭉 해온 정극 스타일이다. 2006년 첫 뮤지컬 「오! 당신이 잠든 사이」를 하고 뮤지컬대상까지 받아 또 하나의 가능성을 확인했다. (자칫 대중 영합에 빠질 수도 있을) 뮤지컬 공연은 우리가 고민을 많이 한 부분이다. 현재의 대표 유인수가 독립기획사를 운영하면서 쌓은 뮤지컬 프로듀스 경험이 새 열매를 맺을 것이다. 그 밖에 어린이 연극도 중요한 작업이다.

－연우무대는 어떻게 출발했나.

서울대 연극반의 선후배가 1977년 2월 5일에 만든 '목요모임'이 시초다. 실제로 연우의 출발을 공식적으로 선언했던 것은 그해 여름이었지만. 우리의 모태였던 그날을 극단 창립일로 정하게 됐다. 무명작가의 창작극을 무명의 연출가가 아마추어 배우를 데리고 공연하겠다는 비상식적 사태가 벌어

다시, 길을 떠나다

「대장만세」

졌던 것이다. 달리 말하면 '범汎 서울대 연극 인력' 이 모여 만든 결과였다.

– '연극하는 벗들(演友·연우)'의 전신인 셈인가.

6개월 지나니 대충 걸러졌다. 나, 이상우, 김광림(이상 서울대 문리대 출신), 이영훈(국립경주박물관장), 조우연(성균관대 의상과 교수), 김영기(경북대 철학과 교수) 등이 남더라. 대학 동창이기도 한 3명은 부모의 고향이 함경도라는 공통점도 있다.

내가 연출한 「아침에는 늘 혼자예요」가 창립 공연작이었다. 그 후 미국서 연극을 제대로 공부한 김석만이 뒤늦게 합세해 「한씨연대기」를 만들며 전문 극단으로 자리 잡았다. 이상우가 연출한 「우리들의 저승」은 작가·연출가·배우들의 조립과 분해를 거친, 공동 창작품의 효시라는 점에서 중요한 의미를 가진다. 창작극을 하면 미친 놈 소리 듣던 당시, 그 작품으로 창고소극장에서 주는 상까지 탔다.

—지금은 자연스런 방식이지만, 공동 창작은 당시로서는 가히 혁명적이었을 텐데.

아마추어리즘의 장점을 극대화해 보자는 생각의 결론이었다. 당시 스타 위주의 연극 풍토에 대한 반발심도 컸지만, 연극을 계속하느냐 마느냐 하는 기로에서 우리의 전략적 선택이었다. 현실을 비판적으로, 삐딱하게 보고자 했던 우리가 원했던 작품을 기성 작가에게서는 구할 수 없었던 것이다. 또 우리의 역량도 달렸다. 그래서 나온 결론인 셈이다.

초기에는 일반의 관심 밖에 있었다. 그래도 그 과정에서 나온 황석영 원작의 「장산곶매」는 빛나는 순간이었다. 서울대 탈춤반 출신 등 범汎연우 세력이 규합하는 계기였다. 김석만의 고교 선배인 황석영과 연우가 인연을 맺어 「돼지꿈」, 「장사의 꿈」, 「손님」 등 황씨의 소설이 연극화됐다.

—연우무대를 대중화하는 데 결정적 전기가 된 작품은.

「한씨연대기」와 「칠수와 만수」다. 우리 연극을 대중에게 적극적으로 알리려는 노력은 창립 때부터 의식적으로 해 왔다. 우리는 처음부터 관극 회원 제도를 운영했다. 원고지 5장에 우리 연극에 대해 소감을 적어 보내라 했더니 3,000여 명이나 몰리더라. 사실 그 인원이 계속 갔더라면 연우는 든든했을 것이다. 그러나 한국 연극은 관객의 주류가 20대 초반의 여성이라는 게 문제다. 결혼하면 (연극과의 인연이) 끊어지고, 집을 옮겨도 인연이 끝난다. 그들이 한국 연극을 좌우한다는 사실은 여전히 우리 연극 최대의 문제다. 당시 우리가 성공했던 것도 이화여대 신입생의 명단을 어렵사리 확보했기 때문이었다.

-의식 있는 작품으로도 객석을 채울 수 있다는 사실을 증명했다는 점에서 연우무대는 우리 문화의 소비 패턴을 바꿨다. 무대 전략이 있었다면.

「한씨연대기」의 경우, 원래 인물도 많고 멜로적 요소가 강했다. 그런데 서사적 기법(역할바꾸기 등)으로 배우 5명만 갖고도 무대를 만드니 '멜로 끼(氣)'가 싹 가셨고, 훈련을 거쳐 앙상블로 엮어내니 당시 관객의 눈에 신선했다. 그런 식의 양식적 실험에 달려든 게 험한 세월을 버텨낸 힘이다.

우리는 뭣보다, 언더그라운드로 가지 않는다는 원칙을 견지했다. 공연윤리위원회의 대본 반려, 부분수정 조치는 물론 실연實演 심사까지 사사건건 트집 잡혔지만, 어떻게든 몸을 비틀어 통과하는 기술을 체득했다. 대본을 실연용, 검열용으로 따로 준비했다.

-브로드웨이 뮤지컬만으로도 어지러운 현재 연극판에서 연우무대가 던지는 의미란.

우리는 대극장-번역극 중심이던 한국 연극을 창작극-소극장-연출가 중심으로 만든 장본인이다. 현실 비판을 그 중심에 둔 우리의 창작방법론은 타 극단에 큰 영향을 끼쳤다. 번득이는 아이디어로 무대 현장을 풍성히 한 이상우가 그 예다. 「칠수와 만수」 초연 때, 오줌 누는 장면에서 손가락을 바지 사이에 낸다는 그의 아이디어는 이내 따라 하더라.

－당대를 떠들썩하게 했던 대표작들을 모아 상설 레퍼토리식 무대로 보고 싶어 하는 사람들도 적지 않다.

그때그때 우리의 이야기를 한다는 것을 원칙으로 하다 보니 시의성에 함몰된다는 단점이 있었다. 통일 문제를 주제로 사회의 관심을 부쩍 끌었던 「김치국씨 환장하다」 같은 작품은 몇 년만 지나도 상황이 너무 바뀌어 재공연이 불가했다. 인기작 「칠수와 만수」도 그대로 갈 수 있었던 기한이 10년이었다. 기동성과 미학의 결합을 추구하는 우리의 운명으로 본다.

－형식적·내용적으로 '연우적'이란 가치가 분명 있다. 어떻게 규정하겠나.

자연스럽고, 편한, 소극장 작품이다. 기존의 방식대로 잘 훈련된 배우는 오히려 우리에게 맞지 않는다. 1993년 연출가 이윤택 씨가 나한테 이런 장담을 한 적 있다. '좌에 연우를 놓고 우에 목화를 놓은 뒤, 그 사이로 가면 나는 성공한다'고.

－앞으로 한국에서 연극은 어떤 식으로 존재하리라 보나. 각종 볼거리에 포위돼 가는 연극의 운명과 관련된 문제다.

뮤지컬처럼 문화와 산업이 결합하는 양상은 더욱 가속화할 것이다. 순

다시, 길을 떠나다

수 예술은 독자적 발전이 불가능하다. 현재 정부의 나눠먹기식 단기간 (1~2년) 소액 다수 지원 제도를 개선, 엄격한 심사·지원 시스템을 구축해야 한다. 장기적으로 지원, 제 색깔을 찾아갈 수 있도록 해야 한다. 그런데 우리 는 남들이 잘 하지 않는 비판적 작품을 추구, 상대적으로 찬밥 신세였다.

정한룡은 …

"관극의 사각지대 놓인 초등학교 고학년 위해 힘 닿는 데까지 전념할 것"

2000년 정한룡 씨가 연우무대 대표에서 물러난 것은 '연우 가족극장'에 전념하기 위한 행보였다. 한 10년째 교사들로부터 "아이들한테 맞는 연극이 없다. 유치원 대상 연극뿐" 이라는 하소연을 접해 온 터였다.

초등학교 고학년이야말로 '관극의 사각지대' 라는 사실을 절감했다. 식구처럼 지내는 배 우들의 입장도 딱했다. 연기폭이 좁고, 생활도 안 되니 아동극 하라면 그만두겠다는 말 까지 공공연히 할 정도였다.

문예진흥원의 지원으로 시작된 '소외지역 찾아가는 공연'으로 터를 잡았다. 「개구리에 한솥밥」(2006), 「대장만세」(2007), 「별이 된 물고기」(2008) 등은 조명기구와 간단한 세트 만 들고 찾아간 무대였다. 주로 초등학교 강당에서 무대가 펼쳐지는 이 유랑극단은 올 해부터 '꿈꾸는 문화열차'로 이름을 바꿨다. 그는 "가족극은 힘 닿는 데까지 할 것"이라 고 말했다.

1946년생. 연출가로 문화부 장관 표창(2003), 예총예술문화대상(1993)을 수상하였 으며 현재 극단 연우무대 예술감독을 맡고 있다.

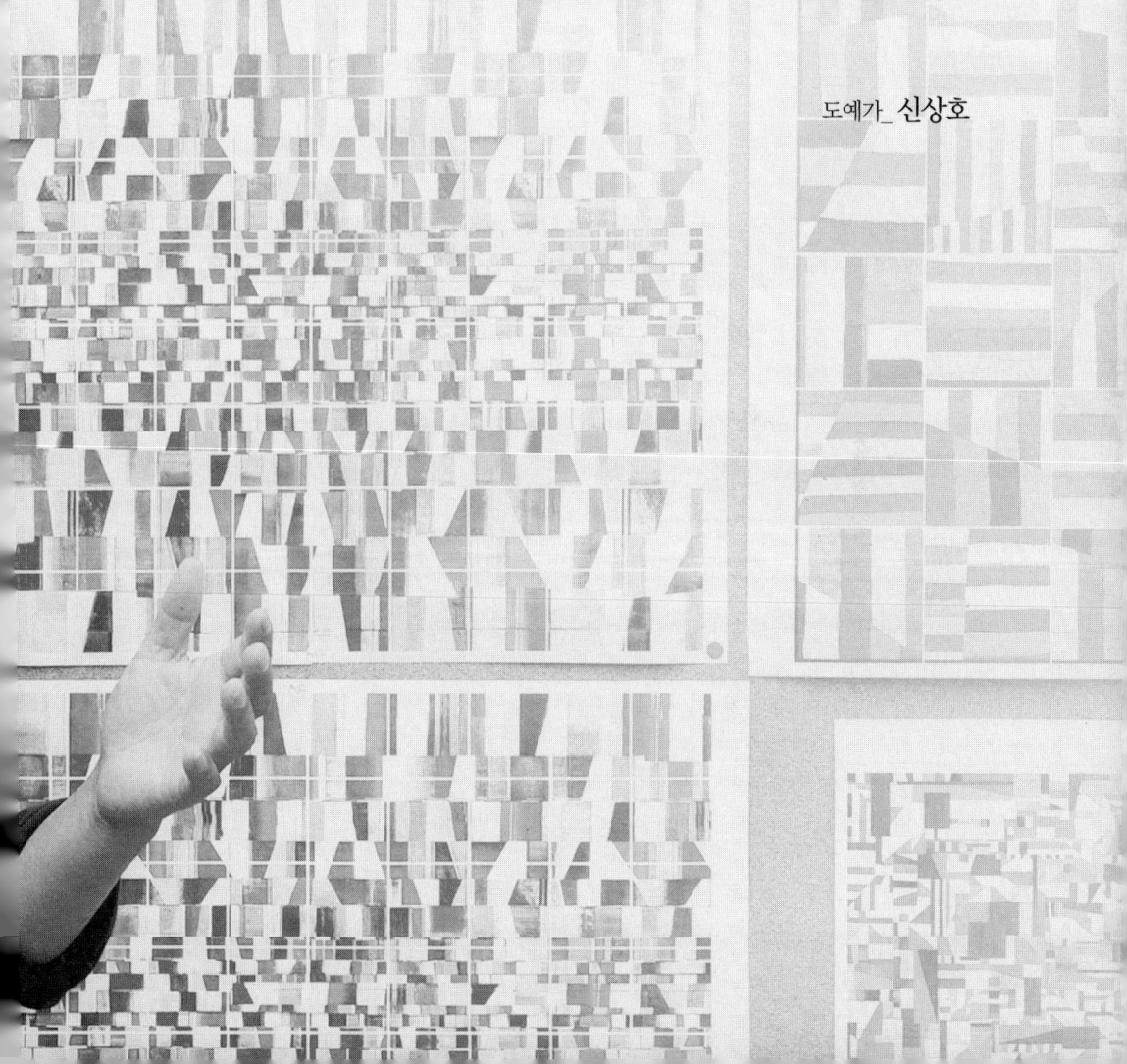

"도예와 건축의 만남 실험…
변화하지 않는 예술은 죽은 것"

도예가_ 신상호

흙의 가소성은 그의 화두이고, 흙의 가변성은 그의 가능성이다. 도예가 신상호 씨는 자신의 작품을 '구운 흙'이라 뭉뚱그린다. 전통 도자기에서 출발, 해외로부터 값진 선물로 호평받던 그의 도자기 예술은 이제 일반 회화의 경지를 추구하고 있다.

"흙의 본질을 탐색하고 그 가능성을 모색하는 작가"라는 저간의 평가였지만, 신씨는 '구운 그림Fired Painting'으로 이번에 일반의 안이한 생각을 보기 좋게 배반했다. 도예의 한계. 바로 저것이 항상 화두였다.

그는 한계를 초월하는 데 온 힘을 바쳐 왔다. 그는 이천에서 작업을 하다 1976년 경기 양주시 장흥면 부곡리로 삶의 터전을 통째로 옮겼다. 이름하여 '부곡도방'. 1988년 서울올림픽 당시 문화행사의 하나로 이곳에서 열렸던 '현대 도예 워크숍'은 한국의 현대도예사를 쓰겠다는 그의 꿈을 배태시켰다. 그의 도방 안팎은 그 증거들로 가득하다.

신 씨는 "언론과 '구운 그림' 이야기를 이렇게 자세히 하는 것은 처음"이라 했다. 홈페이지(http://clayarch.org/clay/clay01.vm)를 추천하기도 했다.

다시, 길을 떠나다

－정원 곳곳에 들소 모양의 조형물이 배치돼 금방이라도 튀어나올 듯하다.

2002년 「아프리카의 꿈」 전시 때 제작했던 작품들이다. 당시 한국적 샤머니즘을 아프리카 토속미와 결부시킨 작품이라 해서 언론의 주목을 제법 받았다. 나는 젊은이들보다 더 진취적으로 작업을 한다. 변화하지 않는 예술은 죽은 거다. 지금은 도예가 건축과 만나는 작업을 하고 있다.

－전통 도예에서 창작 도예로, 어느 한 곳에 안주하지 않는 것은 여전하다. 현재 당신의 작업을 가리키는 'Fired Painting'이란 무엇인가. '구운 그림'이라고도 하는데.

사회의 변화와 사람들의 기호를 고려, 내 작품을 건축미술에 연계시키는 거다. 흙 안료로 색을 낸 뒤, 5∼6회 소성 작업을 한다. 건물이 옷을 갈아입는다고 생각하면 된다. 화려하면서도 영구불변의 색채가 실용성까지 가진다. 계속 실험 중이다.

－언제부터 시험했나.

2006년 김해미술관의 「클레이 아크Clay Arch」전을 통해 선보였던 새 양식이다. 흙clay과 건축architecture의 상호관계적 협력을 의미하는 합성어이다. 당시 '미술관이 옷을 갈아입는다'는 콘셉트로 시도했던, 말하자면 건축도자다.

흙이 가진 무한한 가능성을 도자와 건축 분야의 상호 발전적 협력으로 실현시키자는 의도다. 도자는 건축이라는 계기를 통해 활용 가능성을 넓히고, 건축은 도자를 통해 예술적·재료적 다양성을 확보함으로써 서로 간의 이익을 꾀하는 계기가 마련될 것이다. 아프리카 것 하면서 색채의 세계를 재발견했다.

–아프리카전은 무채색이 위주였으나, 이번에는 눈부신 색채감이 인상적이다.

구운 그림을 본격적으로 시험한 것은 2005년 이후다. 한국적 오방색은 의식적으로 안 썼다. 그러다 작년에 개인적으로 영국을 여행하며 런던 소더비 옥션에서 우리 조각보 경매 소식을 접하고, 색채의 세계에 대한 깨달음을 얻었다. 내 뿌리를 타인의 시선으로 발견하게 된 것이다.

2009년 10월 말 기무사 자리에서 개최한 국립현대미술관 기획전 「Wrap 연작」은 그 연장이다. 대형 걸개그림으로 조각보 그림 4점이 설치되었다. 가장 큰 것이 7×12m인데, 기무사를 국립현대미술관이 감싼다는 개념이다. 50×50cm의 타일 168장도 설치됐다.

–말하자면 환경예술인가.

거기까지는 아니다. 도예의 한계를 건축으로 돌파하자는 것이다. 건축은 '비非자유' 스럽고, '클리셰'(진부한 표현)화해 간다.

−현재 건축의 흐름에 대한 경고로도 들린다.

인위적이면서 지엽적인 면에 매몰되지 말라는 메시지다. 김해 클레이
아크 미술관의 개막전이 「건축과 도예의 만남」이었는데, 당시 세미나에
참석한 세계적 전문가들에게 제안했던 내용이기도 하다.

'American Ceramics' 나 스위스의 'International Ceramic Artist' 등 세계
적 권위지의 편집자들이 참석한 그 자리에서 나는 "1970년대 이후 나타
난 도예의 조형예술화 흐름을 구운 그림이라는 최신 유형으로 정립하겠
다"고 이야기했다.

−구운 그림이 실제로 나타나면 어떤 모습이 되는지.

지난해 광화문 금호아시아나 빌딩의 경기여고 쪽 외벽에 걸었던 게 국
내 첫 작품이다. 4층 높이로 구운 그림 작품(50×50cm)을 1,050장 붙여 만
든 것인데, 건물 분위기를 일신했다는 평을 들었다. 접착할 때 시멘트는
안 쓰고, 알루미늄으로 만든 격자형 틀에 끼운 뒤 일반 유리용 접착제로
고성시켰다.

그 밖에 서초동 삼성전자 빌딩 로비, 건국대의 50층짜리 건물인 실버
빌딩에서도 나의 구운 그림을 볼 수 있다. 나는 필요를 존중하고 그 같은
취지로 실험·시도해 오고 있다. 이번에는 벽이 캔버스이고, 거기 맞게
고쳐서 다시 굽고 붙인다.

―부곡도방에 있는 건물마다 숫자(예를 들면 757016, 781002 등)가 커다랗게 붙어 있는데, 어떤 심오한 의미라도.

집마다 숫자를 붙여 각각의 고유성을 부여했다. 언어, 암호, 기호, 바코드인 셈이다. 기자처럼 '그게 뭡니까?'라는 질문을 유발하는 수학적 언어로 이해해 달라. 촘스키, 도킨스가 쓴 책에 보면 다 나오는 얘기다. 요즘 시대, 타인과 나의 필요가 작품의 정점으로 가면 소통할 수 있는 생각을 나타낸 것이다. 현재의 예술은 논리적·철학적 깊이가 없으면 작품이 될 수 없다.

―색채가 선명해서 건물이 천연색 옷을 입은 것 같다. 색칠은 어떤 물감으로 하나.

물감이 아니다. 흙을 물감처럼 만든 기성 건축재료다. 지금껏 단순 건축재료로만 쓰였는데, 나는 그것을 (물감처럼) 물에 개기 때문에 색이 변하거나 겹쳐져 독특한 효과를 내는 것이다. 그림 그리는 사람은 못 내는 색깔이, 불에 구웠기 때문에 나온다. 천년 지나도 그대로인 색이다.

―그림 옷을 입은 건축물이 더 생기나.

올해는 건물 작업은 없다. 기무사 건물처럼 내가 발전시킨, '작가 행위'만 할 작정이다. 그렇게 건축에도, 예술에도 변화를 준다. 예술은 새로운 거다. 이걸 바탕으로 또 새로운 게 나올 것이다.

다시, 길을 떠나다

―학교 일은 어떻게 됐나.

홍익대에서 정년 5년 앞두고 지난해 명퇴했다. 미대 학장과 대학원장을 했지만, 내 작업만 하고 싶다는 오랜 꿈이 이뤄진 셈이다.

―어떤 확신이라도 있었나.

2년 동안 구운 그림에 매진했다. 건축에 색을, 옷을 입히자는 새 개념의 폭발력은 대단할 것이다. 장담컨대 IT산업 못지않을 것이다. 빌딩 자체의 가치를 높이는 일이기도 하니까. 흙을 재료로 하는 것이고 아이디어는 무궁무진하니, 영원히 (건물의 옷을) 바꿀 수 있다. 결코 고갈되는 법이 없다.

런던에도, 도쿄에도 짓겠다. 건물을 이걸로 감싸는 것이다. 세계적으로, 새로운 건물에의 욕구는 무궁무진하다. 도쿄의 프라다 빌딩, 카르티에 빌딩, 헤르메스 빌딩이 '옷'을 입게 될 것이다.

―왜 도예 그림인가.

일반 회화에서도 아크릴, 유화, 과슈 등이 각각의 재료적 특성을 갖고 물감이 갖는 표현의 한계를 극복한다. 나는 세라믹 산업이 제공하는 영구적인 색을 더 깊이 추구하자는 거다. 빨강이라도 빛과 열을 통해 나온 빨강은 분명 다르다.

그림을 외벽에 걸 수 있다는 점, 주변 사물에 비해 영원히 고정불변하다는 점은 물론이고, 계산 · 예측치와 실제 결과 간의 어긋남도 큰 매력이다. 주위 사물들에 비해 탈색도, 변색도 없는 그림은 결국 시간의 흐름을 보여 준다. 숨을 쉬는 그림이라 할까.

-해외 평단의 반응은.

나는 외국의 반응에는 관심 없다. 내가 살아 있고, 작업하니 족한 것 아닌가.

-후학들이 여기저기서 많이 작업 중인데.

5년 전부터 배우는 대학원생이 8명 있다. 나는 저들의 손을 빌리고, 저들은 내 일을 갖고 실험하는 거다.

"도예하는 사람들에 그릴 수 있는 자유 전파"

12년째 신상호 씨의 직계 문하생으로, 아예 도방에서 기거 중인 제자 용환천(홍익대 도예과 대학원 졸업) 씨는 스승을 "실험적 현대 도예의 선봉"이라고 했다. 그는 신씨의 '구운 그림' 작업으로 "도예하는 사람들에게 그릴 수 있는 자유, 색깔의 자유가 생겼다. 즉 언어를 획득한 것"이라며 "IT산업보다 더 폭발력 있다는 것은 바로 그 뜻"이라고 말했다. 산업미술과의 차이는? "대량 생산·반복이 아니다. 각각의 작품이 다르다. 건축의 재료가 아니라, 독자적 작품이기 대문이다. 우리는 찍어내는 게 아니라, 그린다." 용씨는 구운 그림을 타일이라는 관점에 한정, 회화가 아니라 디자인 또는 공공미술로 묶어두려하는 국내 미술계의 협량함을 문제로 지적했다. "대량생산과는 전혀 무관한 작업이다. 선생은 대량생산과 연관시키려 하지만, 산업적 타일에서 벗어난 작품으로서의 흙판(세라믹)이 된다면 건축물 등을 통해 감상의 기회를 가질 수 있는 예술품 아닌가?" 그는 스승을 가리켜 "직설적이다. 강하다"고 했다. 신씨는 스스로를 "이 세련된 사회와 불화하며 내면의 갈증을 풀어갈, 모순의 인간"이라고 자평했다.

1947년생. 도예가로 홍조근조훈장(2002), 국무총리 표창(1988)을 수상하였으며 현재 홍익대 미술대 명예 교수이다.

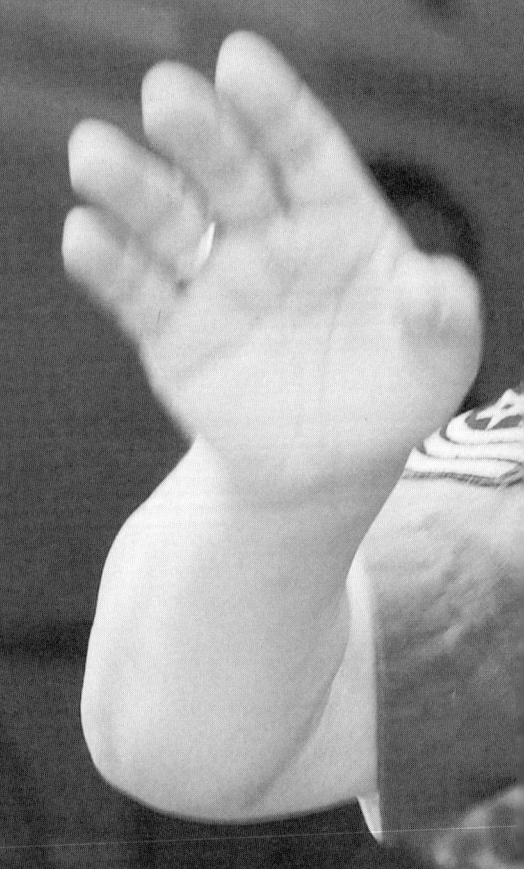

"난 음유시인…
내 노래는 내 인생, 내 고통의 산물"

가수_ 한대수

아직 한국말이 서툰 몽골계 러시아인인 부인 옥사나 알페로바는 계속 영어로 잔소리를 늘어놓았고, 남편 한대수 씨는 "(인터뷰 중이니) 조용히 하라"고 벼락처럼 소리 질렀다. 딸 양호가 놀이방에서 돌아오자 집은 시장바닥이다.

한씨의 말로는 "제2의 이다 도시가 되고 싶어 하는" 옥사나가 딸에게 먹인다고 호박전을 부치기 시작한 것이다. 한씨는 강한 경남 사투리 억양으로 더 크게 말을 이어갔다.

완벽한 소란의 풍경 속에서, 그는 몇 가지 금쪽같은 말을 들려주었다. "나는 음유시인의 전통을 그대로 잇는다"며 자신의 예술을 선명히 정의할 때, 그는 여전히 자존감으로 충만해 있었다. 그의 '세계성'은 미국에서 30년을 살았고, 한국과 미국을 50여 번은 왕래했다는 이력에서 나오는 게 아니었다.

그는 1년에 한 번 꼴로 한국어로 또 영어로 신보를 내는 부지런한 가수이다. 영어를 통해 세계화에 빨리 적응해야 한다고 다그치는 이 시대, 영어로 지은 그의 노래들은 어디 한번 해보자는 듯 삐딱하다. 자칭 '싱어-송 라이터-기타리스트'는 여전히 꿈꾸고 있었다.

다시, 길을 떠나다

– 한국 활동을 본격 시작한 것인가.

1997년 후쿠오카 공연 이후 매년 1회꼴로 음반 제작, 공연 활동을 하고 있다. 2007년 '베스트 오브 한대수'(서울음반 발행)를 포함, 거의 매년 앨범을 냈다. 2009년 신보까지 합치면 음반은 모두 15장이 된다.

EBS의 「공감」 방송 실황은 DVD로 나와 있다. 지금 '한대수 밴드'는 김도균(기타), 이우창(피아노), 박동식(드럼), 서울시스터스(4인조 보컬)로 이뤄져 있다.(그는 '소울soul'이라고 한다) 웹사이트(www.hahndaesoo.co.kr)를 참고하시라.

– 스스로 걸작을 꼽는다면.

(발표한 곡들은) 모두 다 좋지. 그런데 왜 몇 개만 알아주느냐? 내가 살아 있기 때문이지(무슨 뜻인지 묻자 '살아 있기 때문에 이해를 못 받는다'고 했다). 진짜 음악은 작곡가가 죽어야 알아주는 법이다. 즉 내 음악은 대중음악이 아니라는 거다. 안 듣기 때문에도, 못 듣기 때문에도. 그러나 죽고 나면 그리움, 안타까움이 있으니 비로소 찾게 될 것이다. 즉 보물이 보이게 된다. 존 레논의 「이매진」 들으면 왜 인다깝고 눈물이 나는가 그래도 몇 곡 뽑으라면 「옥사나에게 바치는 노래」, 「그대(Eternal Sorrow)」, 「상처」, 「As Forever」, 「아무리 봐도 안 보여」(양희은과 듀엣으로 불렀다) 등이다. 개인적으로는 「One Day」를 꼽겠다.

—음악적으로, 문화적으로, 사회적으로 자신에 대한 무수한 평가를 어떻게 평하고 싶나.

나는 평론가들의 말을 중시하지 않는다. 혹평도 상관 않는다. 나는 나 자신을 위해 작곡한다. 내 노래는 내 인생, 내 고통이다. 나는 즐거울 때는 작곡하지 않는다. 인생이 즐거우면 작곡이 안 된다. 대중들이 내 음악 좋아하길 바라지만, 당장 이해 못 한다 해도 상관 않는다. 대학가에서 많이 부른 「바람과 나」, 「물 좀 주소」 역시 기본적으로는 내 개인의 노래다. 나는 내 노래의 사회적 의미에 대해서는 전혀 신경 안 썼다.

—이제 당신은 로커라 불러도 무색할 정도인데, 록에서 가능성을 보았나.

지금 한국뿐 아니라 전 세계적으로 록은 죽었다. 음반회사에서 제작비도 안 댄다. 멀티미디어에 질식된 엔터테인먼트의 시대에서 음악은 액세서리일 뿐이다. '듣는 음악'은 프레슬리, 비틀스, CCR, 레드 제플린으로 끝났다. 비, 효리, 저스틴 팀버레이크는 아름다운 몸매, 희한한 패션, 노래 대신 연기로 대중을 만족시키고 있다.

방송 작업은 내 나름의 대응이다. 세계 어디서든 들을 수 있는 아리랑 국제방송에서 2년째 「Golden Goodies」(매일 오후 4시~5시 30분 방송)를 하고 있다. 또 CBS 라디오에서는 매일 오전 9~11시 「손숙·한대수, 행복의 나라로」를 방송한다.

아리랑에서는 「message board」라는 온라인 통신을 통해 젊은 세대의

다시, 길을 떠나다

반응이 금방 들어온다. 미국서도 이렇게 다양한 음악을 틀어주는 프로는 없다며 교포 여학생이 편지를 보내오는데, '대수 오빠'로 시작한다.

−가장 최근에 만든 노래는.

'양호야'다. 우리 딸에게 주는 노래다. 뭐, 특별한 뜻이 담긴 이름은 아니고 흔히 '양호良好하다'고 말할 때의 그 양호(2007년생)다. 인생을 양호하게 살라는 정도의 소박한 뜻이다. 5회 결혼기념일에 신촌 세브란스병원에서 태어난 아이다. 아주 활동적인 아이인데 집에 혼자 두니 너무 심심해서 500미터 떨어진 어린이집에 맡겼다가 데려온다. 거기서 말도, 예의도 배운다.

가수 한대수

－포크에서 록, 재즈까지 서양의 대중음악은 거의 거쳤는데, 국악은 빠졌다.

뉴욕 살다 보니 재즈를 알게 되고, 국악이 그리워졌지만 현실적으로 연결고리가 없었다. 1995년 일본 공연 전, 국립국악원에서 가야금을 배우기도 했다.

－누구보다도 별난 삶을 살았다. 삶의 계기가 몇 가지 있었을 텐데.

(한참 생각한 뒤) 첫째, 내가 태어난 지 100일쯤 지난 뒤 벌어진 아버지의 실종이다. 조부모 슬하에서 자라던 내게 아버지는 없었다. 그러나 내가 아버지가 되고 나서야 아버지의 존재, 중요성을 알게 됐다. 17년 만에 만난 아버지와는 늙을수록 잘 통하게 됐다.

멋도 모르고 기타 치다 1969년 드라마센터에서 솔로로 데뷔한 일이 두 번째다. 내 팬들이 모금해 1, 2집이 만들어졌고, 세상은 충격을 받았다. 국내 최초의 싱어－송라이터였다. '얼굴 없는 가수'로 통하다 곧 미국 갔다. 3년 해군 끝나고 앨범 2개 내니 20대 중반을 넘어섰는데, 내 작품은 모두 판금됐다. 강제 징집돼 3년 있었던 군대에서는 정말이지 틈만 나면 구타당했다.

당시를 「암병동」 같은 솔제니친의 책을 보며 버텼다. 영어로 된 책이어서 검열을 피할 수 있었다. 주인공이 겪는 고통이 나보다 더 크다는 생각으로. 그 시절이 세 번째일 거다.

다음은 이혼과 결혼이다. 고독하던 청년 시절, 스무 살 때 만나 사랑했던 여자와는 왜 이혼했는지 딱 꼬집어서 말하기 힘들다. 뉴욕이란 데가

40대 이후 이혼률이 높기도 하지만… 권태기였고 아기도 없었다. 아기를 갖지 않겠다고 한 게 큰 이유다.

(1974~1989년까지 부부로 살았던 첫 아내와 헤어지고 난 뒤 그의 생활의 풍경은 '하루아침'에 이렇게 그려져 있다. '소주나 한 잔 마시고/소주나 두 잔 마시고/소주나 석 잔 마시고 일어났다') 그러나 옥사나를 만났지 않은가. 내 음악을 이해해 주고, 나를 사랑하는 데다, 또 미인이고….

– 요즘 작곡은.

작곡과 섹스는 똑같다. 나이 들수록 횟수가 줄어든다는 점에서. 50 넘으면 뇌세포가 줄어들고, 60 되면 키가 줄어든다. 10년 전 입던 옷이 이제는 크다.

– 한류를 어떻게 보나.

(대중음악 쪽에서의) 한류란 없거나, 살짝 사기다. 세계적 히트곡도 없는데 무슨 한류냐. 진짜 한류 스타 만들려면 뭣보다 영어로 작곡해야 한다. 비에게 아쉬운 점이 이거다. 스웨덴의 아바, 자메이카의 밥 말리, 아이슬란드의 뵤크 등 모두 영어로 한다. 시급한 과제다. 또 세계 각국의 문화를 연구, 먹혀들어갈 것을 연구해야 한다. 한국에서 유일하게 영어로 작사 · 작곡한 자로서 하는 말이다.

국내 시장은 병아리 눈물이다. 작곡 · 작사는 물론 미국 문화의 콘텍스트 같은 문제들에 대해 나는 언제든 최대한 돕고 싶다. 아직 의뢰는 없지만 (웃음). 나는 뉴요커 35년이다. 어느덧 60 넘은 게 슬프지만, 고문 역은 충분히 할 수 있다. 내 감각은 살아 있다. 아바에서 브리트니 스피어스까지, 댄스 음악을 즐겨 듣는다.

─도저히 연관이 되지 않는 것 같은데.

(이 말에 그는 숨이 넘어갈 듯 한참을 웃었다) 음악의 목적이 뭐냐. 고독과 슬픔을 해소하는 인생 치료제다. 바흐, 모차르트가 아직 대가로 대우받는 게 그래서다.

─한국의 대중음악계는 어떻게 하면 좋을까.

TV PD들이 반주 녹음, 립싱크를 절대 허용하지 말 것. 그래야 연주자가 큰다. 라이브하면 엔지니어도 큰다. 빌리 조엘 왔을 때 테크니션 50명도 함께 왔던 건 한국에 인력이 없기 때문 아닌가. 무엇보다 그렇게 되면 가장 즐거운 건 보는 사람들이다. PD들이 그 사실을 모를 리 없을 텐데, 제작비 핑계만 대지 않나. 결국 사장님의 문제란 말이다. (거기 대해) 나 자신으로서는 방법 없다. 방송하는 것이 그래서다. 후배들에게는 '돈과 명예 때문에 (예술을) 하면 실패뿐' 이라는 말을 꼭 전해주고 싶다.

다시, 길을 떠나다

"딸은 기적… 아내는 팔방미인, 남편은 진짜 시인"

5년 전 입국, 한대수의 '독거 생활'을 끝낸 옥사나는 러시아에서는 패션모델로, 뉴욕에서는 국제증권회사의 중간 간부로 일했다. "내가 바람날까봐 온 것도 있겠지만, 하여튼 부부는 헤어지면 영원히 헤어지는 법이죠. 여기 와서도 금융 쪽으로 일을 했으면 하는데, 지금 아이가 겨우 두 살이라…" 한씨의 말이다.

그녀는 원래 간호사로 있다가, 페레스트로이카 때 미국 대사관으로 정치적 망명을 신청해 새 삶을 개척했다. 1991년 뉴욕에 가서는 대학에서 증권 공부를 했다. 날씬한 데다 이국적 풍모를 지닌 덕에 20살 때부터 2년 동안 패션모델 활동도 했다.

브루클린에서 아파트를 구하다 알게 된 이들은 1991년 뉴욕에서 결혼했다. "뉴욕에서는 바쁘게만 살다 아이 가질 엄두를 못 냈는데, 한국에서 양호가 태어나니 기적이에요." 그녀는 남편을 "진짜 시인"이라 했다.

1948년생. 가수로 제2회 한국대중음악상 공로상(2005), 부산 국제록페스티벌 공로상(2004)을 수상하였으며 현재 노래와 방송에서 활동 중이다.

반찬 그릇이 내 밥그릇이 되어 밥상에 오르기 시작했던 무렵―

몇 숟가락 남겨놓고 숟가락을 놓을 거 같은 기미만 뵈면 으레 할머니 마술에 걸린 황새가 하늘로 날았습니다.

―저기 황새 간다.

내가 한눈 판 사이 할머니는 내 밥그릇에 물 부었지요.

먹기 싫은 밥 물을 부었든 말았든 숟가락 놓고 밖으로 달아 빼면 그만이었겠지만 그랬다가는 못 먹을 거 물은 왜 붓냐. 물 부어 불어터진 밥을 누가 먹냐.

쌀 한 톨 맨들어 너 줄라고 농부는 한 여름 내내 땡볕에 개흙에 달라붙어 허리가 휘었는데 그 귀한 쌀을 너는 불려서 버려야. 천벌 받아 너―

그러고 어머니의 지청구가 이어질 테고 그렇다고 물 부은 장본인이 할머니라고 일러 바쳤다가는 어머니의 사랑이 주워 온 아이 대하듯 미심쩍은 마당에 할머니를 배반해서 생길 사랑의 진공을 감당할 자신이 없는 나는 쌀 한 톨에 담겨 있는 천벌에 몸서리치고 농부의 휜 허리에 절 올리면서 그릇 깨끗이 비웠던 것이지요.

그실 할머니의 마술로 해서 환갑이 훌쩍 넘은 오늘날까지 내 몸 이러고 정정한지도 모릅니다.

할머니가 내 육신에 살을 불려주었다면 내 정신의 진로 바로잡아 주신 할아버지가 두 분 계십니다.

서른 살 나던 해 드라마센터에서 몰리에르 탄생 삼백주년 기념 연극제가 열렸는데 하루는 할아버지(동랑東朗 유치진柳致眞)께서 나 불러 앉혀놓고 이러세요.

－스까뺑의 '간계'라는 작품이 있는데 이게 양반하고 종이 엎치락뒤치락하는 얘기야. 그런 거 우리 탈판에 아주 많아. 바꿔 봐.

어른의 말씀 거역할 수 없는 일이어서 판소리니 봉산탈판, 강령탈판, 북청사자, 오광대, 하회 꼭두각시, 고전, 설화집, 민담집을 두서없이 뒤적거려 몰리에르가 쇠뚝이, 말뚝이로 난장치는 탈판 비슷한 걸 뭉뚱그려 놨어요.

그렇기는 해도 연극이란 서양 사람들의 전유물－ 소포클레스, 셰익스피어, 몰리에르, 입센, 뷔히너, 체홉, 브레히트가 발전시켜 온 것이고, 무대하고 관객 사이에는 제4의 벽이란 게 가로막고 있어서 관객이 그 벽에 구녕 뚫고 방 안에서 일어나는 남에 일 훔쳐보는 것이고, 객석에 관객이 하나 둘이 아니어서 구녕을 수백 개 뚫다 보니 그 벽이 결국엔 없어진 것이다. 그런 정도로 알고 지내던 터라 서양 사람 전유물을 평생의 사업으로 택한다는 것이 마뜩치 않고 남 훔쳐보는 짓거리 점잖은 일도 못 되는 거 같아 연극 그만 접기로 작심한 뒤여서 몰리에르는 당연히 실패작이 되었고 그래서 판소리, 봉산, 강령, 오광대, 꼭두각시 모다 나하고는 인연 끊고 소실점 되어 사라졌었지요.

그런데 하루는 문예진흥원에서 네가 그러고 실의에 잠길 일이 아니다. 세상 나가 공부 좀 하고 오라고, 브로드웨이 가라고 통지가 왔어요. 가서 두 달 지냈나 대서양 건너 폴란드, 헝가리에서 온 작품을 접하는 순간 벼락을 맞고서는 이 거렁뱅이, 카네기 부럽잖은 부자로 둔갑합니다.

동유럽 연극이란 게 우리네 탈판하고 별반 다를 게 없어요.

이를 어쩌나. 우리 집 광에 장독대에는 선조님들 맨들어 노신 걸로 탈판 정도가 아닌 금은보화 그득한데 여기서 내가 뭘 하고 있나. 짐 꾸렸지요.

할아버지의 마술이 백화만발 불꽃이 되어 뉴욕 창공에 반짝거렸습니다.

탈판—

서양연극이나 우리의 볼거리가 탈(假面)로 시작된 것은 일상을 살아가는 우리 얼굴이 거짓으로 가득 차 있기 때문에 그것으로부터 자유로워지려고, 거짓으로 치장되지 않은 정직한 얼굴을 만나려는 노력의 산물이었고 이런 탈을 오늘날 우리는 일상생활에서도 쓰고 지냅니다.

빗자루 들고 방을 쓸라든가 늦지 않게 다니라고 사소한 일로 나무랄 때는 상대를 마주보는데, 막상 중요한 얘기를 꺼낼 때는 먼 산을 보든가 방바닥을 긁는 쪽으로 시선을 내립니다. 사소한 일에는 표정을 짓지만 중요한 일에 표정을 뵈지 않는 것은 자신의 소견을 드러내어 강요하기보다 상대의 판단을 기다려주는 탈을 쓰는 것이라고 할 수 있지요.

그래서 이런 탈을 쓴 배우들을 관객과 마주서게 하는 탈판을 벌이고ー거기다 전래 탈판에서 선조님네들 그리도 잘 구사하셨던 생략, 비약을 활용하면 관객은 생략한 곳 메우고 비약한 거 잇느라고 정신없이 바빠져요. 그러니 무대와 관객 사이에 벽이 있는 게 아니고 서로 참견하고 흥 돋우는 자리가 마련되어 연극이 벽 저쪽에서 일어나는 남에 일이 아니라 내 일이 되는 것입니다.

이 간단한 탈판의 지혜 할아버지께서 진작에 일러주셨던 것인데 깨우치는 데 그 세월이 40년 넘어 걸렸어요.

그런데 신명ー 이건 아직 멀었어요.

상기한바 몰리에르로 탈판을 하자니 배우들이 춤을 배워야 해서 민속학자 심우성沈雨晟 선생께 여쭸더니 천안에서 무용소 운영하고 계시던 할

아버지(양도일梁道一. 강령탈춤 인간문화재)를 모셔왔어요.

드라마센터 객석에 앉아 나흘 동안 말없이 배우들 귀경하다 불쑥 이러세요.

－언제 뭘 하신다고요.

－두 달 뒤 공연해요.

－내 아홉 살에 출가하여 엊그제 환갑 말아 먹었소만 아직 노장춤을 못 춰요. 나 내려 갈랍니다.

손사래 치며 나가다가 무대로 올라 서세요.

－연년이 흉년이 이어지는 바람에 큰딸 혼기를 놓쳤어요. 그래 올도 장마지면 너 머리 깎아 절로 보내는 수밖에 없겠다 그러는데 달싹 풍년이 들었어요. 그 어미가 샛밥 이어다 주고 논길을 가는지 허리 아래가 가만 있겠소.

할아버지 궁뎅이가 아낙에 궁뎅이 되어 씰룩거립니다.

－사방천지 누런 황금물결이 몸뚱어리 건드리니 아낙이 흥을 이기지 못해 이러고 어깻짓을 해요. 그러니 자연히 팔이 따라 올라가지 않겠소. 팔이 올라가니 다리가 따라 올라가고－얼쑤 광주리 집어던지고 양수, 양족 휘젓고 땅을 차고 저 혼자 신명났지.

－이거 춤 아니고 뭐요. 그리고 추시요들.

그리고 천안으로 내려 가셨습니다. 50년 넘게 탈춤 추신 어른이 아직 못 추는 춤이 있다는 말씀은 이후 내 심신이 게으름 쪽으로 기울 때마다 정수리에 내리 꽂히는 죽비가 되어 주었으나 큰딸 시집보내는 어미에 신명은 40년이 넘는 오늘에 이르러서도 아직 체득 못하고 시행착오만 거듭 갈 길이 멀어요.

일찍이 두 할아버님 뫼셨으니 전도양양하였음에도 노둔한 내 자질 탓에 그저 피지 못하고 땀만 비질비질 싸는 오늘 딱– 할아버님에 죽비가 정수리 내리칩니다.

–뭐하고 있어 너.

오태석

○⋯공연을 보고 집에 오면 11시 넘기는 여반장如反掌이다. 그래도 늦도록 음악을 듣기 일쑤인데, 예를 들어 에릭 클랩튼의 「24 Nights」 실황 비디오가 특히나 꽂히는 날이 있다. 1991년 로열 앨버트홀에서 펼쳤던 공연 현장을 담은 그 비디오는 DVD의 날선 영상과는 분명 다른 뭔가가 있다.

왜일까. 궁금해서 바르톡의 현악 4중주—원래 LP로 먼저 샀던 것—를 CD로 사서 들어본다. 듣고 또 들어보니, 역시 LP다. 음의 질감이 다르다. 스크래칭 잡음도 아날로그는 제 진영으로 끌어안는다. 나의 착각인가, 호사가적 취미인가, 요즘 유행하는 말을 빌리면 소통 지체인가. 어찌됐든 거기까지는 개인적 습벽일 소산이 농후하다 치고.

***

○…단언컨대, 에릭 클랩튼은 나이 들수록 더 진보한다. 블루스와 스윙 감이 깊어졌을 뿐더러, 테크닉 또한 더욱 정치해졌다. 옛 크림 시절은 물론, 1980년 일본 부도칸 실황으로 엮은 음반 「Just One Night」 시절도 능가하고 있다. 그 경우, 나이 듦은 플러스 섬 아닐까.

○…젊어져야만 한다, 아니 늙게 보이지 말아야 한다는 명제가 이 시대를 강박한다. 적지 않은 사람들에게 평균 수명 증가는 화禍에 가까울지 모른다.

***

○…글쓰기의 운명, 더 정확히 말한다면 신문이란 매체에 글쓰기에 대해 사유하게도 해 준 계기였다. 출판사 a, b, c가 있었다.

a출판사는 이 시리즈를 기획할 단계부터, 단행본 출간에 대해 상의했어야 했다며 난색을 표했다. 기사를 게재하며 신문용, 출판용으로 원고를 병행하는 추세라는 말도 덧붙였다. b출판사는 요즘 신문은 모두 인터넷에 공개되므로 (원래의 기사와는) 차별성이 있어야 한다는 뜻을 암묵적으로 전해왔다.

c는 이 출판사다. 앞의 접촉이 그래도 하나의 성과를 올렸다면 새 아이템을 추가해야겠다는 생각에 이르렀다는 점이다. 이를테면 '지양止揚'의

결과라고나 할까.

○… 젊은이가 무색한 창작열을 보이고 있는 극작가 오태석 선생에게 "원로와 중견들의 입장을 대변해 줄 원고 하나를 써 주십사" 부탁하게 됐던 것은 그래서다. 바지런한 현역답게, 선생은 하루 만에 글을 부쳐 왔다. 고맙다고 전화했더니 "아, 그거 읽고 찢어버리세요. 히히히"라는 답을 들려주었다. "할뼈!"이란 표현을 저렇게도 하는가 싶었다.

***

○… 형식적 완결미를 추구해야 할 단행본으로서, 이 책이 얼마나 흠결이 많은가를 모르는 바 아니다. 발품 팔아 쓴 기사가 아까우니, 대충 엮어서 단행본 내려 한다는 수군댐이 들리는 듯하다. 모르긴 하되, 편집진의 우려가 그러했으리라.

그러나 나로서는 신문이라는 매체의 현재성에 무게를 주고 싶었다. 사실, 이 시점에 벌어지는 일들을 모아 업그레이드 시킨다면 취재 당시의 현장성(그 같은 심리적, 사회적 정황에 '아우라'라는 말을 붙이고 싶다)은 휘발되기 십상이라 믿는다. 글이란 생산물도 상품성을 염두에 두고 '제조'돼야 한다는 시대정신이 문제일까. 업그레이드가 지상 명령으로 세상을 강박하는 시대, 고정된 텍스트는 부단한 변신을 하이퍼텍스트로부터 요구받고 있는 것이 사실이다. 그러나 이 시대가 즐겨 하는 말로, 그것이 질적

우월성을 '담보' 할까?

　○…어떤 이는 후기를 쓸 때가 가장 행복하다 했다. 자신의 책, 것에 들인 시간에 대한 애정과 자부가 물씬 묻어나오는 말이다. 그러나 거의 매일 시간에 맞춰 글을 신문지면에 출고해야 하는 일에 익숙해 온 자에게 후기란 또 다른 마감의 다른 이름일 수도 있다. 사실 이 글을 쓰는 마음은 마감의 심정이다.

　○…이준희 편집국장(현재 논설위원)은 먼저, 저 같은 문패 아래 매주 한 면씩 지면을 할애하는 데 흔쾌한 결정을 내렸다. 그때까지만 해도 일련번호가 30까지 나아가리라고는 생각도 못 했다. 나아가 책 한 번 내보라며 '원천 아이디어'까지 제공했으니 내가 큰 빚 지고 있다는 말이 겸사는 아니리라.

　현장까지 동행해 취재, 크고 좋은 사진들로 독자들의 시선을 잡아 끈 신상순 편집위원 등 사진부 식구들이 없었다면 신문 기사가 과연 책으로 환골탈태할 수 있었을까. 사진 사용에 편의를 제공한 한국일보 측에도 고마움을 표한다. 책이 나오기까지 함께 필자와 감정의 굴곡을 함께 건너준 가족들에게 고맙다는 말을 해야겠다. 신문사 자료실 아니면 웹 공간을 떠돌 글을 아름다운 책으로 묶어주신 소화출판사 식구에게 깊은 감사를 표한다.

　○…"가공되지 않은 날것으로서의 음악"을 외치며 오랫동안 다니던 한

국일보를 나가, 새로운 음원音源을 찾아 용맹 정진하는 JNH 대표 이주엽에게도 헌사는 허여돼야 한다.

○… 글을 마치고 메일함을 보았다. 신상호 선생이 새 전시회 자료를 넣어 놓았다. 한 패션 브랜드의 기념 전시회에 'Fired Painting'이 초대됐다는 전언이었다. 앞을 향한 그들의 움직임은 깊은 흐름으로 이어지며, 구조를 바꿀 것이다.

'○…'으로 글의 허두를 떼는 것은 이러구러 자취를 감췄지만, 신문의 오랜 관행이었다. 그것을 우리는 "마루 땡땡"으로 통칭했다(약간의 애정과 장난기가 겹쳐진 변말(Jargon · 전문집단의 은어)이다). 이어질 글은 스트레이트적的이지 않은, 즉 6하 원칙에 입각하지 않은, 다소는 '느즈러진 글' 정도의 의미를 갖는 관용적 약속이다. '마음의 빗장을 어느 정도 풀어헤치고 읽는 편이 낫다'는 메시지 정도로 통했다. 약방에 감초 같던 저 부호는 이제 자취를 감췄다. 그 같은 푼푼한 마음으로 읽어주시길 바라는 마음이다. 독자 제위의 혜량을 바랄 뿐이다. 염치없이.